Einst exklusive Speise für Könige,

weil sie so raffiniert schmecken und – zugegeben – ein wenig Arbeit machen. Auch heute noch sind Pasteten und Terrinen hervorragend geeignet, um liebe Gäste so richtig zu verwöhnen.
Wollen Sie es ein bißchen weniger aufwendig? Dann probieren Sie einfach ein köstliches schnelles Pâté oder eine Mousse, herzhaft oder süß.
Aber egal, wofür Sie sich entscheiden, alle haben gute Chancen, der Höhepunkt eines Menüs oder Buffets zu werden.

Die Farbfotos gestaltete Odette Teubner.

W0073850

INHALT

4 Über Pasteten und Terrinen

4 Eine kleine Pastetenge-
schichte
4 In der ganzen Welt
beliebt
6 Wissenswertes über
Mousses, Pasteten, Terri-
nen und Sülzen
6 Tips und Infos
6 Utensilien und nützliche
Geräte

8 Pâtés und Mousses

8 Tomatenmousse
8 Leberpâté
10 Spargelmousse
10 Avocadomousse
12 Pâté von geräucherter
Forelle
12 Pâté von Ochsenzunge
14 Hasenpâté
14 Schinkenpâté
16 Kalbsbriesmousse
16 Räucherlachsmousse

18 Kalte und warme Pasteten

18 Kulebjaka
20 Entenpastete
22 Wachtelpastete
24 Lauchpastete
24 Pilzpastete
26 Rehpastete
28 Geflügelpastete
30 Hechtpastete mit Lachs
32 Kalbspastete mit Trauben-
Grappa-Sauce
34 Hackfleischpie

36 Terrinen und Sülzen

36 Wildterrine
36 Entenleberterrine
38 Geflügelterrine
40 Hausmacherterrine
42 Forellenterrine
43 Fischterrine mit Kräutern
44 Kaninchenterrine mit
Mirabellen
46 Geflügelleberterrine
46 Essigpflaumen
48 Krabben-Mousse-Terrine
48 Krabbenaspik
50 Champignonsülzchen
50 Fischsülze
52 Hausmachersülze
52 Sauce Tartar

54 Süße Mousses

54 Mousse au chocolat
54 Erdbeermousse
56 Geeiste Quarkterrine
56 Rumparfait
56 Sherryparfait
58 Beerensülze mit Joghurt-
Likör-Sauce
58 Apfelterrine
60 Schokoladen-Keks-Terrine
60 Limettenparfait

62 Rezeptregister

Die Temperaturstufen bei Gasherden

variieren von Hersteller zu Hersteller. Welche Stufe Ihres Herdes der jeweils angegebenen Temperatur entspricht, entnehmen Sie bitte der Gebrauchsanweisung.

3

Eine kleine Pasteten-
geschichte

Pasteten sind keine Produkte der kulinarischen Neuzeit oder raffinierte Erfindungen mehrfach besternter Küchenchefs – die kunstvolle Art, Fleisch oder Fisch in einem Teig quasi zu »verstecken«, beherrscht man schon seit dem 5. Jahrhundert v. Chr.! Eine Berühmtheit war zum Beispiel der Leibkoch von Kaiser Tiberius, Apicius (25 v. Chr.), der besonderen Spaß an der Verfremdung der Speisen hatte und seine Kreationen für gelungen hielt, wenn »man nicht mehr erkennt, was man zwischen den Zähnen hat«.

Im Mittelmeerraum war das Glanzlicht der Tafel eine Pastete aus Fleisch, Blut, Honig und allerlei Kräutern. Das mag manchem eine Gänsehaut über den Rücken laufen lassen, ist aber so abwegig nicht: Blut wurde zur Bindung gebraucht, und mit Honig hat man in den arabischen Mittelmeerländern schon immer gekocht. Der Erfinder dieses Gerichts war ein Koch mit Namen Epainetos, der ununterbrochen an neuen Kreationen arbeitete und sein Können auch mit viel Showeffekt zeigte – einem Bocuse oder Wodarz nicht unähnlich. Einen seltsamen Höhepunkt der Pastetenkunst erreichte Frankreich im 15. Jahrhundert, wo aus Teighüllen ganze Orchester, Kinder- oder Vogelschwärme auftauchten. Anfang des 18. Jahrhunderts

beinhaltet das Kochbuch des »Hoch-Fürstlich-Salzburgischen Stadt- und Landschaftskochs« Conrad Hagger sage und schreibe 189 Abbildungen für Pasteten, Paradefiguren und Tafelaufsätze. Da gibt es Landschaften aus Teig mit aufgespritzten Bächen und Bäumen, Vögeln und Wild. Mehrere Etagen hohe Tafelaufsätze aus Blechgerüst, mit Teig umhüllt, enthielten gebackene Löwen, Rehe oder Hirsche. Beliebt waren auch gefüllte, gebratene Schwäne oder Pfauen, denen man ihr Federkleid wieder angezogen hatte.

Trotzdem waren Pasteten und Terrinen nicht nur spitzfindige Nahrung der Reichen und Adeligen – in den Theatern der Antike wurden sie von »Bauchladenverkäufern« verkauft, wie heute Popcorn oder Eiscreme, oder man gönnte sie sich an Imbiß- und Straßenständen, wie wir Hamburger oder Hot Dogs vertilgen. Im Mittelalter waren Pasteten in den einfachsten und heruntergekommensten Pinten besonders beliebt – vor allem weil sie billig waren; und das waren sie, weil ihre Füllungen aus minderwertigem, halb oder ganz verdorbenem Fleisch und Fett bestehen konnten. Unter solchen Umständen muß es für die Köche damals eine besondere Herausforderung gewesen sein, den Grundgeschmack mit allerlei Gewürzen und Kräutern zu überdecken …

In der ganzen Welt beliebt

Die edlen Pasteten, die wir heute kennen, wurden also nicht in Frankreich erfunden, obwohl sie dort ihre absolute Verfeinerung erfahren haben. Katharina de Medici brachte im 16. Jahrhundert das Rezept einer Polpetta von Florenz nach Paris. Dieser Polpetta (eigentlich ein simpler Hackbraten) nahmen sich die erfindungsreichen französischen Köche an und buken sie alsbald in einem Butter-Hefeteig (Brioche). Nach und nach ersann man allerlei Füllungen aus Fleisch, Fisch und Gemüse. Diese Art, einer Tafel sozusagen ein Glanzlicht aufzusetzen, breitete sich in ganz Europa bis nach Rußland aus. Hier ist die Kulebjaka (gefüllt mit Hecht und Lachs) die Königin der Pasteten. Der große August Escoffier (1846–1935) hat sie in sein Repertoire aufgenommen, so daß sie heute als Coulibiac Bestandteil der klassischen französischen Küche ist. Die russische Küche kennt aber noch viele andere Piroggen mit Kohl, Fisch oder Fleisch. Kleine Piroschki können auch mit Speckwürfelchen, Pilzen oder Sauerkraut gefüllt sein.

Die Pasteten haben einen Siegeszug in alle Welt geführt. Man denke nur an die englischen Pies. Dazu gehören auch die indischen Samosas, würzig gefüllt und in Fett ausgebacken. Oder die spanischen und argentinischen

Empanadas. Die griechische Version heißt Spanakópitta und enthält meist Spinat, Dill und Feta-Käse. Und schließlich noch die Unmengen an Dim Sums aus der chinesischen Küche! Hier besteht die Hülle mal aus Hefeteig, mal aus Eierkuchenteig, mal aus Tapiokamehlteig. Sie werden gedämpft, gebraten oder in Fett ausgebacken. Füllungen gibt es so viele, wie es Köche gibt – unzählige also.
Die absolute Königin der Pasteten jedoch ist eigentlich gar keine Pastete im strengen Sinn – also im Teigmantel gebacken –, sondern eine

Terrine (in irdener Form gebacken), und zwar aus Gänsestopflebern. Die berühmte Straßburger Gänseleberpastete, besonders gut und teuer, wenn sie getrüffelt ist, wurde von einem Straßburger Bäcker namens Jean-Pierre Clause (geboren 1756) erfunden. Er war Koch des elsässischen Gouverneurs, Maréchal de Contades. Dieser präsentierte die Erfindung seines Kochs König Ludwig XV. als Pâté à la Contade. Der König war davon so angetan, daß er Gouverneur und Koch fürstlich belohnte. Mit diesem Geld eröffnete unser Jean

Pierre eine Bäckerei, in der er das Pâté de la foie gras serienmäßig herstellte und weltweit vertrieb. Um die Stopfleber zu erhalten, werden die Gänse allerdings zu einem unnatürlichen Freßverhalten gezwungen (früher mit Gewalt, heute mittels einer Hirnoperation), so daß ihre Leber in kurzer Zeit auf etwa 1 kg Gewicht anwächst. Vielleicht vermissen Sie das Rezept für die Gänseleberterrine in diesem Buch – aus Tierschutzgründen haben wir darauf verzichtet.

Unbedingt nötig für das Pastetenbacken ist eine gute Küchenmaschine mit scharfen Messern, um das Fleisch für die Farcen zu zerkleinern. Das Holzrahmensieb (auf dem Bild daneben) kann für besonders feine Farcen nötig sein. Alle anderen Utensilien dürften in einem normal ausgestatteten Haushalt vorhanden sein.

Wissenswertes über Mousses, Pasteten, Terrinen und Sülzen

Mousse ist französisch, bedeutet einfach Schaum und ist ein Püree aus Geflügel, Schinken, Leber, Fisch oder Krustentieren, das mit Gelatine und/oder geschlagener Sahne zubereitet wird. Mousses eignen sich besonders als feine, kleine Vorspeise oder als Bestandteil eines kalten Buffets.

Ein Parfait (wörtlich: perfekt) ist eigentlich das gleiche, wird allerdings meist halb oder ganz gefroren gereicht. Terrinen und Pasteten haben Farcen aus Geflügel, Fleisch, Wild, Fisch, Gemüse oder Krustentieren.

Für Pasteten wird die Farce von einem Teigmantel umhüllt und gebacken. Es gibt sie warm und kalt. Für kalte Pasteten wird am häufigsten ein Mürbeteig aus Mehl, Schweineschmalz und Butter verwendet. Für Pasteten, die warm verzehrt werden, nimmt man Hefeteig oder Blätterteig. Terrinen haben keinen Teigmantel, sie werden meist in einem Speckgewand gegart, damit die Füllung nicht austrocknet. In der Farce können auch Stücke von Fleisch, Fisch oder Gemüse enthalten sein. Man ißt sie kalt, ebenso wie die Mousses. Oft werden Terrinen und Mousses nach dem Auskühlen noch mit einem Geleemantel umhüllt. Das sieht dekorativ aus und schützt die Füllung ebenfalls vor dem Austrocknen.

Sülzen schließlich sind mit Gelatine (oder mit Knochenbrühe) gesteifte, in Formen gegossene pikante oder auch süße Gerichte, die ebenfalls gut auf ein kaltes Buffet passen.

Gemeinsam ist ihnen allen, daß man sie prima ein bis drei Tage vor dem Verzehr vorbereiten kann. Ausnahmen sind nur die heißen oder lauwarmen Pasteten. Aber selbst bei diesen kann man wenigstens den Teig und die Füllung einen Tag vorher bereiten.

Tips und Infos

Für die kalten Terrinen und Pasteten gilt: Alle Zutaten müssen während der ganzen Arbeitsphase gut gekühlt sein, da die Farce sonst keine Bindung erhält und bröselig wird. Am besten stellt man die Arbeitsschüssel in Eiswasser oder in einen größeren Topf, der mit Eiswürfeln gefüllt ist. Wenn Ihre Küchenmaschine schnell warm wird, pürieren Sie die Masse lieber in kleineren Portionen. Die vorbereiteten Zutaten müssen zwischendurch immer wieder in den Kühlschrank gestellt werden.

Farcen, egal ob aus Fisch oder Fleisch, müssen stets stark gewürzt sein, da sie beim Garen an Geschmack verlieren. Daher mit den Gewürzen nicht zu sparsam sein und vor allen Dingen zum Schluß noch einmal nachwürzen!

Pasteten und Terrinen sind nichts für Schlankheitsfanatiker oder Cholesteringeschädigte! Der Fettanteil ist recht hoch, ohne ihn würde die Farce nicht zusammenhalten. Man genieße sie also so, wie sie gedacht sind: als feine Vorspeise oder edlen, ungewöhnlichen Imbiß – auf jeden Fall in Maßen.

In einigen Rezepten werden Sie alkoholische Zutaten finden. Bei den Marinaden für die klassischen Pasteten kann man den Alkohol nicht ersetzen, er ist für den Geschmack einfach von Bedeutung. Die Gelees können Sie auch mit Brühe oder Saft zubereiten, sie schmecken dann aber nicht mehr so gut. Für strikte Alkoholgegner sind diese Gerichte also eigentlich nichts.

Der Arbeitsaufwand für Terrinen und Pasteten ist beträchtlich. Sie brauchen dafür Zeit, Geduld und Spaß an der Herstellung. Dafür sind Lob und Anerkennung der Gäste gewiß! Wer vorhat, öfter mal eine Pastete zu backen, kann Teig auf Vorrat kneten und ihn einfrieren – damit ist schon ein Arbeitsschritt getan.

Utensilien und nützliche Geräte

Eigentlich braucht man keine besonderen Geräte oder Formen. Meist tut es die normale Kastenform. Für Mousses eignen sich auch kleinere, runde oder eckige Steingutformen oder die sogenannten Dach-

In Haushaltswarengeschäften finden Sie eine Vielzahl an Pasteten- und Terrinenformen – beinahe für jeden Anlaß eine. Eine normale Kastenform oder eine andere feuerfeste Form tut es aber auch. Den fehlenden Deckel ersetzen Sie dann, wo nötig, durch Alufolie.

rinnenformen, auch Rehrükkenformen. Für Pasteten bieten Haushaltswarengeschäfte oder die Spezialabteilungen der Kaufhäuser die unterschiedlichsten Formen an, die sich mit Hilfe von Scharnieren öffnen lassen.

Zum Ausradeln des Pastetenteigs sollten Sie ein Teigrädchen mit glattem oder Zackenschnitt verwenden. Formen für Kamine, die ausgeschnitten werden müssen, damit die Luft beim Garen entweichen kann, gibt es glatt, rund oder gezackt. Zur Not tut es aber auch ein spitzes Messer. Keksausstecher hat wohl jeder in der Schublade (für Weihnachtskekse). Damit lassen sich die verschiedensten Motive zum Verzieren ausstechen.

Ein Fleischwolf mit guten, scharfen Messern ist unerläßlich für die Zubereitung von Farcen. Zuerst wird immer das in kleine Stücke geschnittene, gekühlte Fleisch durchgetrieben, dann erst der kalte Speck. Um auch das letzte Stückchen Fleisch aus der Kurbelwelle herauszubekommen, läßt man zum Schluß ein Stück hartes Brot oder auch Pergamentpapier durch den Wolf. Aber aufpassen, daß davon nichts in den Fleischteig gelangt! Sie können Fleisch und Speck auch – portionsweise – im Blitzhacker pürieren.

Bei besonders feinen Mousses sollte die Farce zusätzlich noch durch ein Holzrahmensieb gestrichen werden.

Tomaten-mousse

Zutaten für 6–8 Personen:

1 große Dose geschälte Tomaten
(480 g Abtropfgewicht)

1 Zwiebel

1 Eßl. Butter oder Margarine

4 Blatt Gelatine

2 Eßl. Tomatenmark

Salz

1 Prise Zucker

1 Prise Cayennepfeffer

250 g Sahne

Dekorativ

Bei 8 Personen pro Portion
etwa: 550 kJ/130 kcal
3 g Eiweiß · 12 g Fett
4 g Kohlenhydrate

- Zubereitungszeit: etwa
  45 Minuten
- Kühlzeit: 2–3 Stunden

1. Die Tomaten abtropfen lassen, den Saft auffangen. Tomaten entkernen und vierteln.

2. Die Zwiebel schälen und fein würfeln. Die Butter oder Margarine in einer Pfanne erhitzen und die Zwiebelwürfel darin unter Rühren bei mittlerer Hitze glasig dünsten.

3. Die Gelatine in kaltem Wasser einweichen. Zwiebelwürfel mit den Tomaten im Mixer pürieren und in eine Schüssel geben. Kräftig mit Salz, Zucker und Cayennepfeffer würzen. 3 Eßlöffel des aufgefangenen Tomatensafts in einem kleinen Topf erhitzen und die Gelatine darin auflö-

sen. Dann gut mit der Tomatenmischung und dem -mark vermengen.

4. Die Masse in eine passende Form gießen und etwa 20 Minuten kalt stellen. Wenn sie zu gelieren beginnt, die Sahne steif schlagen und unterziehen. Vor dem Servieren 2–3 Stunden kalt stellen. Mit einem in heißes Wasser getauchten Eßlöffel Portionen abstechen. Mit Tomatenstücken und Basilikum garnieren. Sehr gut schmecken dazu Nordseekrabben.

Leberpâté

Zutaten für 8–10 Personen:

500 g Hühnerleber

80 g Mortadella

1 Zwiebel

2 Knoblauchzehen

3 Eßl. Olivenöl

8 Salbeiblätter

1 Teel. Thymian, gemahlen

1 Teel. Rosmarin, gemahlen · Salz

*1/2 Teel. weißer Pfeffer, frisch
gemahlen*

1/8 l trockener Weißwein (ersatzweise Milch oder Milch und Sahne)

3 1/2 Eßl. Butter

2 Eßl. Crème fraîche

einige Tropfen Zitronensaft

Gelingt leicht

Bei 10 Personen pro Portion
etwa: 740 kJ/180 kcal
12 g Eiweiß · 13 g Fett
2 g Kohlenhydrate

- Zubereitungszeit: etwa
  30 Minuten

1. Die Hühnerlebern sorgfältig putzen. Die Mortadella sehr klein schneiden, die Zwiebel schälen und fein würfeln, den Knoblauch schälen.

2. Das Öl in einer Pfanne erhitzen und die Zwiebelwürfel darin anbraten. Die Mortadella hinzufügen und 1–2 Minuten bei mittlerer Hitze mitbraten, dann den Knoblauch dazupressen. Die Hühnerlebern in die Pfanne geben und unter Rühren bei starker Hitze in 3–4 Minuten braun braten.

3. Die Kräuter hinzufügen, salzen und pfeffern. Mit dem Weißwein ablöschen und alles zugedeckt bei schwacher Hitze etwa 2 Minuten köcheln lassen. Vom Herd nehmen und etwas abkühlen lassen.

4. Die Butter zerlassen. Die Salbeiblätter aus der Pfanne nehmen und den Pfanneninhalt mit dem Pürierstab oder im Mixer pürieren. Die Lebermasse mit der zerlassenen Butter und Crème fraîche verrühren. Eventuell nachsalzen und den Zitronensaft unterrühren. In eine hübsche Form füllen und kalt servieren. Dazu passen frisches Brot und saure Gurken.

Spargel-mousse

Zutaten für 4 Personen:

1 kg weißer Spargel

Salz

4 Blatt Gelatine

250 g Magerjoghurt

3 Eßl. Mayonnaise

1 1/2 Teel. Zitronensaft

weißer Pfeffer, frisch gemahlen

Muskatnuß, frisch gerieben

150 g Sahne

Gelingt leicht

Pro Portion etwa:
960 kJ/230 kcal
10 g Eiweiß · 18 g Fett
7 g Kohlenhydrate

- Zubereitungszeit: etwa 30 Minuten
- Kühlzeiten: 2 3/4–3 3/4 Stunden

1. Den Spargel schälen, die Enden großzügig abschneiden. Es sollen etwa 500 g geputzter Spargel übrig bleiben. Die Stangen in etwa 5 cm lange Stücke schneiden und in Salzwasser in etwa 20 Minuten sehr weich kochen. Abgießen und gut abtropfen lassen. Inzwischen die Gelatine in kaltem Wasser einweichen.

2. Die Spargelstücke, den Joghurt und die Mayonnaise im Mixer pürieren. In eine Schüssel geben und mit Zitronensaft, Salz, Pfeffer und Muskat abschmecken. Die Gelatine in wenig heißem Wasser auflösen und unter die Spargelmasse rühren. Für 30–40 Minuten in den Kühlschrank stellen. Wenn die Masse anfängt, fest zu werden, die Sahne steif schlagen und unterziehen. Weitere 2–3 Stunden kalt stellen.

3. Mit einem in heißes Wasser getauchten Löffel Portionen abstechen und mit Toastbrot servieren.

Avocado-mousse

Zutaten für eine Kastenform von

1–1 1/2 l Inhalt:

3/4 l Milch

8 Eigelb

8 Blatt Gelatine

4 reife Avocados

3 Eßl. Zitronensaft

Salz

weißer Pfeffer, frisch gemahlen

1 Knoblauchzehe

Raffiniert

Bei 10 Personen pro Portion etwa: 1200 kJ/290 kcal
9 g Eiweiß · 26 g Fett
4 g Kohlenhydrate

- Zubereitungszeit: etwa 45 Minuten
- Kühlzeit: 2–3 Stunden

1. Die Milch aufkochen. Die Eigelbe mit dem Handrührgerät zu einer cremigen Masse aufschlagen, die heiße, nicht mehr kochende Milch unterrühren. In ein heißes Wasserbad stellen und rühren, bis die Creme dick wird. Sie darf aber auf keinen Fall kochen. Dann in ein kaltes Wasserbad stellen und noch etwa 5 Minuten weiterrühren.

2. Inzwischen die Gelatine in kaltem Wasser einweichen. Dann ausdrücken und in der warmen Creme auflösen.

3. 3 Avocados schälen, halbieren und die Kerne entfernen. 3 Hälften zum Garnieren zurückbehalten und sofort mit Zitronensaft beträufeln. Den Rest pürieren und in die Creme rühren. Kräftig salzen und pfeffern. Knoblauch schälen und dazupressen. Gut verrühren.

4. 2 Avocadohälften in etwa 1 cm große Stücke schneiden. Die Form mit der Hälfte der Avocadocreme füllen und die Stückchen daraufgeben. Mit der restlichen Creme bedecken. Mit Folie abdecken und die Mousse im Kühlschrank fest werden lassen.

5. Zum Servieren die Form kurz unter heißes Wasser halten und den Inhalt vorsichtig stürzen. Oder die Mousse in einer Keramikform kalt werden lassen und servieren. Mit einem in heißes Wasser getauchten Löffel Portionen abstechen. Die übrige Avocado in Spalten schneiden und die Mousse damit anrichten.

Im Bild vorne: Spargelmousse
Im Bild hinten: Avocadomousse

Pâté von geräucherter Forelle

Zutaten für 6 Personen:

500 g geräuchertes Forellenfilet

150 g Mascarpone

100 g Sahnequark

Salz

1 Teel. weißer Pfeffer, frisch gemahlen

Zum Garnieren: grüne und schwarze Oliven

Schnell • Festlich

Pro Portion etwa:
940 kJ/220 kcal
17 g Eiweiß · 14 g Fett
1 g Kohlenhydrate

- Zubereitungszeit: etwa 10 Minuten

1. Das Forellenfilet sorgfältig von eventuell vorhandenen Gräten befreien und zerpflücken.

2. Forellenfilet, Mascarpone und Quark im Mixer pürieren und mit Salz und Pfeffer abschmecken.

3. Das fertige Pâté auf einem Teller oder in einer dekorativen Schüssel anrichten und nach Belieben mit grünen und schwarzen Oliven garnieren.

Variante:
Weißweingelee zum Anrichten:
Es ist etwas aufwendiger, aber stilecht zum Forellenpâté. 300 ml trockenen Weißwein erhitzen und 3 Blatt eingeweichte Gelatine darin auflösen. Das Gelee etwa 1 cm hoch in eine flache Schale gießen und im Kühlschrank erstarren lassen. Dann in kleine Würfel schneiden und um das Pâté herum anrichten.

Pâté von Ochsenzunge

Zutaten für 4–6 Personen:

300 g gegarte, gepökelte Ochsenzunge (beim Metzger bestellen)

1 kleine Zwiebel

200 g weiche Butter · Salz

weißer Pfeffer, frisch gemahlen

1/2 Teel. Thymian (gerebelt)

1 Messerspitze abgeriebene Schale einer unbehandelten Zitrone

1 Eßl. roter Portwein

1 Eßl. Madeira

Gelingt leicht

Bei 6 Personen pro Portion etwa: 1500 kJ/360 kcal
8 g Eiweiß · 36 g Fett
1 g Kohlenhydrate

- Zubereitungszeit: etwa 15 Minuten
- Kühlzeit: 1–2 Stunden

1. Das Zungenfleisch in etwa 1 cm große Würfel schneiden. Die Zwiebel schälen und würfeln. Beides im Blitzhacker fein pürieren.

2. Die Masse mit der Butter verrühren und alle anderen Zutaten untermengen.

3. Das Pâté in eine Keramik- oder Glasschüssel füllen und vor dem Servieren 1–2 Stunden kalt stellen. Mit frischem Graubrot und Gewürzgurken servieren.

Variante:

Mischen Sie zusätzlich 100 g kleingewürfelten Zungenaufschnitt oder Schinkenstückchen unter das Pâté. Lecker und dekorativ sind auch kleingeschnittene grüne und schwarze Oliven.

Im Bild vorne:
Pâté von Ochsenzunge
Im Bild hinten:
Pâté von geräucherter Forelle

Hasenpâté

Zutaten für 12 Personen:
2 Hasenrücken (je 500 g mit Knochen)
1 Zwiebel
1 kleines Bund Suppengrün
1 Zweig Thymian und Rosmarin
4 Wacholderbeeren
2 Lorbeerblätter
2 Eßl. trockener Sherry
2 Eßl. trockener Weißwein
1/4 l weißer Portwein
2 Eßl. Olivenöl
120 g Butter
Salz · Pfeffer, frisch gemahlen
1 Eßl. Madeira
1 Eßl. trockener Wermut
250 g Sahne
Zum Garnieren: Preiselbeerkompott

Raffiniert • Gelingt leicht

Pro Portion etwa:
960 kJ/230 kcal
8 g Eiweiß · 17 g Fett
5 g Kohlenhydrate

- Zubereitungszeit: etwa
  1 Stunde
- Kühlzeiten: 4–5 Stunden

1. Die Hasenrücken häuten, die oberen großen und die unteren kleinen Filets von den Knochen lösen (es sollen etwa 400 g Fleisch übrig bleiben) und in eine Schüssel legen.

2. Die Zwiebel schälen und vierteln, das Suppengrün putzen und grob schneiden. Mit Thymian, Rosmarin, Wacholder, Lorbeer, Sherry und Wein zum Fleisch geben und zugedeckt etwa 2 Stunden kalt stellen.

3. Die Hasenfilets aus der Marinade nehmen, trockentupfen. Das Öl in einer Pfanne erhitzen und die Filets darin unter Wenden von allen Seiten in etwa 5 Minuten braun anbraten. Aus der Pfanne nehmen und beiseite stellen. Die Marinade mit dem Gemüse in die Pfanne geben und offen bei mittlerer Hitze auf etwa 8 Eßlöffel einkochen lassen.

4. Das Hasenfleisch durch den Fleischwolf drehen oder im Mixer pürieren. Den Bratfond durch ein Sieb gießen. Die Butter erhitzen. Bratfond, Butter und Fleisch mit dem Pürierstab oder im Mixer zu einer homogenen Masse verarbeiten.

5. Mit Salz, Pfeffer, Madeira und Wermut kräftig würzen und abkühlen lassen.

6. Die Sahne steif schlagen und unterziehen. Für 2–3 Stunden in den Kühlschrank stellen. Zum Anrichten mit einem in heißes Wasser getauchten Löffel von dem Hasenpâté Nocken abstechen und auf Teller setzen. Mit dem Preiselbeerkompott garnieren.

Tip!

Besonders edel wird das Pâté, wenn Sie es mit in Stifte geschnittenen schwarzen Trüffeln (aus dem Glas) anrichten.

Schinkenpâté

Zutaten für 4 Personen:
300 g gekochter Schinken
10 grüne Oliven ohne Stein
200 g Mascarpone
Salz
weißer Pfeffer, frisch gemahlen

Schnell

Pro Portion etwa:
1100 kJ/260 kcal
25 g Eiweiß · 17 g Fett
2 g Kohlenhydrate

- Zubereitungszeit: etwa
  10 Minuten
- Kühlzeit: 3–4 Stunden

1. Den Schinken vom Fettrand befreien und in winzige Würfel schneiden. Die Oliven ebenfalls sehr klein schneiden oder hacken.

2. Schinken, Oliven und Mascarpone miteinander vermengen und mit Salz und Pfeffer abschmecken. Für 3–4 Stunden kalt stellen. Mit getoastetem Brot servieren.

Im Bild vorne: Schinkenpâté
Im Bild hinten: Hasenpâté

Hasenpâté

Zutaten für 12 Personen:

Kalbsbries-mousse

Zutaten für 8–10 Personen:

250 g Kalbsbries

1 kleine Möhre (etwa 80 g)

2 Eßl. Butter

Salz

weißer Pfeffer, frisch gemahlen

300 ml Geflügelfond (Glas)

1/4 l weißer Portwein

3 Eßl. trockener Wermut

6 Blatt Gelatine · 200 g Sahne

Raffiniert

Bei 10 Personen pro Portion
etwa: 680 kJ/160 kcal
6 g Eiweiß · 10 g Fett
5 g Kohlenhydrate

- Zubereitungszeit: etwa
  1 1/2 Stunden
- Kühlzeiten: 3–4 Stunden

1. Das Bries etwa 30 Minuten in kaltes Wasser legen,
dabei das Wasser 5–6mal
erneuern. Inzwischen die
Möhre putzen, schälen und in
winzig kleine Würfel schneiden. Vom Bries möglichst viel
von Haut und Äderchen entfernen, dabei das Bries in
Röschen teilen.

2. Die Butter erhitzen und die
Möhre darin unter Rühren bei
mittlerer Hitze 2–3 Minuten
dünsten, dann das Bries hinzufügen und weitere 5–8 Minuten pfannenrühren. Salz,
Pfeffer, Geflügelfond, 100 ml
Portwein und Wermut hinzufügen und offen bei mittlerer
Hitze etwa 20 Minuten einkochen lassen.

3. Die Gelatine in kaltem
Wasser einweichen. Das
Bries mit der Möhre und etwa
10 Eßlöffeln Kochflüssigkeit
portionsweise sehr fein pürieren und mit dem Rest der
Kochflüssigkeit vermengen.

4. Den restlichen Portwein
erhitzen, die Gelatine ausdrücken und darin auflösen.
Unter die Briesmasse rühren
und für etwa 30 Minuten kalt
stellen. Die Sahne steif schlagen und unterziehen. Zugedeckt im Kühlschrank fest werden lassen. Mit Baguette servieren.

Räucherlachs-mousse

Zutaten für eine längliche Form von
1 l Inhalt:

1 Zwiebel · 1/4 l Milch

5 Blatt Gelatine

2 Eßl. Butter · 3 Eßl. Mehl

Salz

weißer Pfeffer, frisch gemahlen

3 Eßl. Zitronensaft

1 Prise Zucker

500 g Räucherlachs (Abschnitte)

200 g Sahne

Zum Garnieren: Zitronenscheiben
und Dillzweige

Exklusiv • Für Gäste

Bei 12 Personen pro Portion
etwa: 710 kJ/170 kcal
11 g Eiweiß · 12 g Fett
4 g Kohlenhydrate

- Zubereitungszeit: etwa
  40 Minuten
- Kühlze 3–4 Stunden

1. Die Zwiebel schälen und
vierteln. Die Milch mit der
Zwiebel in einem kleinen Topf
aufkochen, dann bei schwacher Hitze etwa 2 Minuten
köcheln lassen. Vom Herd
nehmen und etwa 10 Minu-
ten stehenlassen.

2. Inzwischen die Gelatine in
kaltem Wasser einweichen.
Die Butter aufschäumen lassen, das Mehl einstreuen und
kurz umrühren. Die Milch
durch ein Sieb gießen (Zwiebel wegwerfen) und mit dem
Schneebesen in das Butter-
Mehl-Gemisch rühren. Zu
einer glatten Sauce rühren.
Mit wenig Salz, Pfeffer, Zitronensaft und Zucker abschmek-
ken. Die Gelatine gut ausdrücken und in der heißen
Sauce auflösen.

3. Den Lachs in kleine Stücke
schneiden und portionsweise
pürieren. Mit der Béchamel-
sauce gründlich vermengen
und kalt werden lassen.

4. Die Sahne steif schlagen
und unter die Lachsmasse ziehen. In die Form füllen. Zugedeckt für 3–4 Stunden kalt
stellen.

5. Vor dem Servieren die
Form kurz unter heißes Was-
ser halten und die Mousse
auf eine Platte stürzen. Mit
Zitronen und Dill garnieren.
Dazu paßt frisches Toastbrot.

*Im Bild vorne: Kalbsbriesmousse
Im Bild hinten: Räucherlachsmousse*

Kulebjaka

Zutaten für 10–12 Personen:

Für den Teig:

200 ml Milch · 1 Teel. Zucker

1 Würfel Hefe (42 g)

700 g Mehl

100 g weiche Butter

1 Ei · Salz

Für die Füllung:

200 g Reis · 3 Eßl. Butter

Salz · 400 g Hechtfilet

1 Eßl. saure Sahne

1 kleine Zwiebel

1 altbackenes Brötchen

200 ml Milch

2 Eier · 1 Bund Petersilie

Salz · weißer Pfeffer

400 g Lachsfilet

Zum Bestreichen:

1 Eigelb · 3 Eßl. Kondensmilch

Für das Blech: Fett

Klassiker • Aus Rußland

Bei 12 Personen pro Portion
etwa: 2200 kJ/520 kcal
23 g Eiweiß · 19 g Fett
65 g Kohlenhydrate

- Zubereitungszeit: etwa
  2 1/4 Stunden (davon
  40 Minuten Backzeit)

1. Die Milch mit dem Zucker erwärmen, die Hefe hineinbröckeln und auflösen. Das Mehl in eine Schüssel geben, Butter in Flöckchen, Ei und Salz hinzufügen. Die Hefemilch darüber gießen und alles zu einem festen Teig verkneten. Mit einem Tuch bedecken und den Teig an einem warmen Ort gehen lassen, bis sich sein Volumen verdoppelt hat.

2. Den Reis mit 1/2 l Wasser, 1 Eßlöffel Butter und 1 Prise Salz zum Kochen bringen und zugedeckt bei ganz schwacher Hitze in etwa 25 Minuten ausquellen lassen.

3. Inzwischen den Backofen auf 200° vorheizen. Eine feuerfeste Form mit 1 Eßlöffel Butter ausstreichen, den Reis hineingeben und die restliche Butter in Flöckchen darauf verteilen. Im Backofen (Mitte, Umluft 180°) in etwa 20 Minuten leicht bräunen. Den Backofen danach eingeschaltet lassen.

4. Währenddessen das Hechtfleisch gründlich von Gräten säubern und in etwa 2 cm große Würfel schneiden. Die Würfel in eine Schüssel geben und mit der sauren Sahne vermengen. Für 10 Minuten ins Tiefkühlfach stellen, dann im Mixer oder im Blitzhacker pürieren.

5. Die Zwiebel fein hacken. Das Brötchen in der Milch einweichen. Die Eier trennen. Die Petersilie fein hacken. Zwiebel, ausgedrücktes Brötchen, Eigelbe und Petersilie mit der Fischfarce vermengen und mit Salz und Pfeffer kräftig würzen. Die Eiweiße steif schlagen und unterziehen. Die Masse in den Kühlschrank stellen.

6. Das Lachsfilet in kleine Würfel schneiden.

7. Den Teig gut durchkneten und auf einer bemehlten

Fläche zu einem Rechteck von etwa 30 x 40 cm ausrollen. Die Hälfte des Reises auf der unteren Teighälfte verteilen, darauf die Hälfte der Hechtfarce streichen. Die Lachswürfel darauf legen, mit der restlichen Hechtfarce bedecken und mit dem verbliebenen Reis bestreuen.

8. Die obere Teighälfte darüber klappen und an den Rändern gut festdrücken. Überstehende Ränder abschneiden, wieder ausrollen und zu Ornamenten ausstechen.

9. Mit einem spitzen Messer 2 Kamine in den Teigdeckel schneiden. Das Eigelb mit der Kondensmilch verquirlen und die Teigoberfläche damit bestreichen. Die Ornamente darauf legen und ebenfalls mit Eigelb bestreichen.

10. Die Pastete auf ein gefettetes Backblech legen. Im Backofen (Mitte) in etwa 40 Minuten goldbraun backen. Falls der Teig zu dunkel wird, mit Alufolie abdecken.

11. Die Kulebjaka lauwarm in 2–3 cm dicken Scheiben servieren. Dazu reicht man traditionell eine lauwarme, kräftige Bouillon.

Diese berühmte russische Pirogge gehört als Coulibiac sogar zur klassischen französischen Küche.

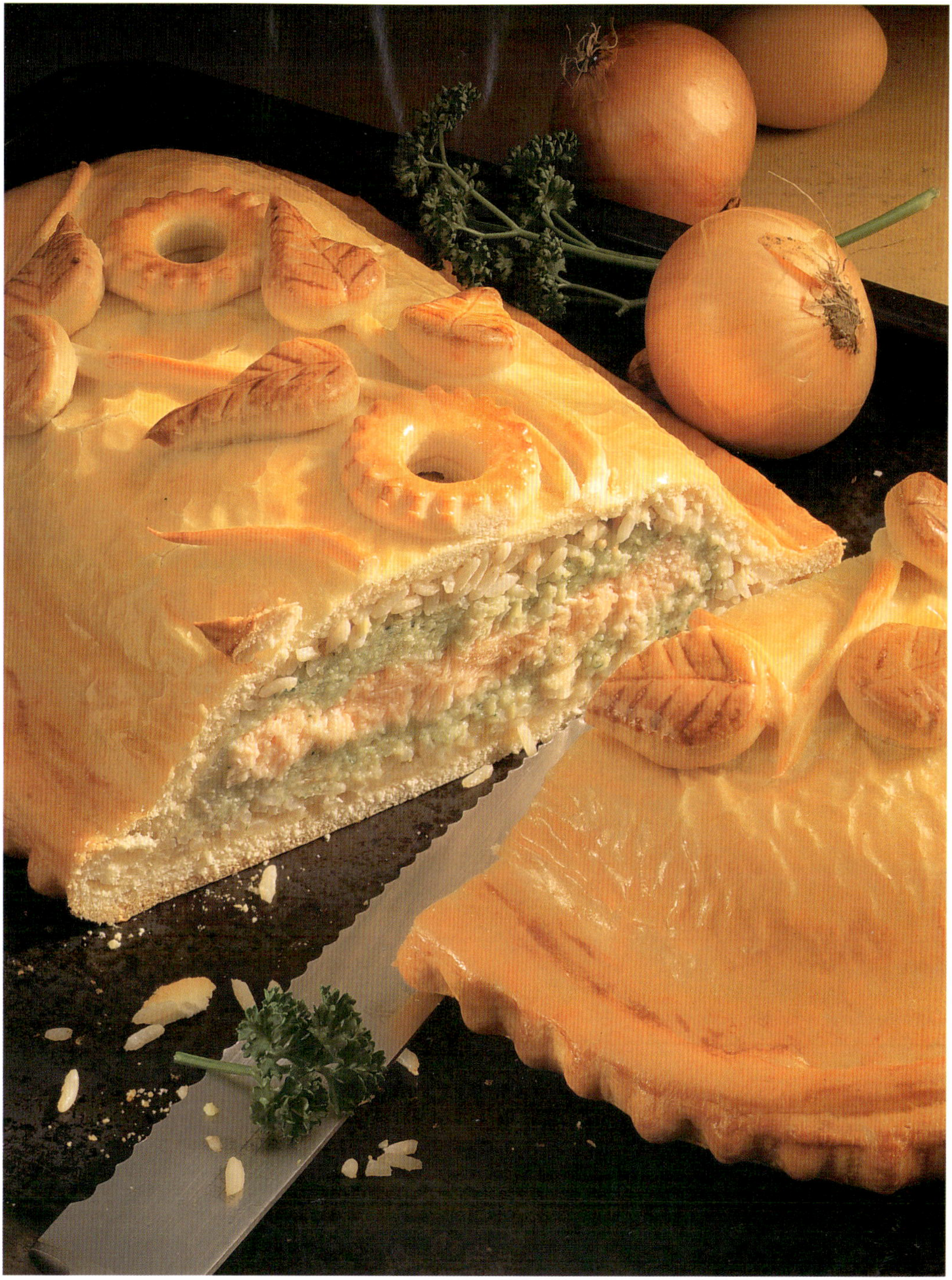

Entenpastete

Zutaten für eine Kastenform von

1 1/2 l Inhalt:

Für den Teig:

500 g Mehl

150 g Schweineschmalz

50 g Butter

Salz · 1 Eigelb

Für die Füllung:

1 küchenfertige Ente (2 kg, mit Leber)

250 g Schweinenacken

200 g Kalbfleisch (Schulter)

200 g frischer grüner Speck

Salz · weißer Pfeffer

1–2 Teel. Thymian, gemahlen

1–2 Teel. Piment, gemahlen

1 Messerspitze Gewürznelken, gemahlen

Muskatnuß, frisch gerieben

2 Eßl. Weinbrand

200 g Kalbsleber

2 Eßl. Olivenöl

40 g Pistazienkerne, grob gehackt

1 Ei

Für die Form: Fett

Zum Bestreichen:

1 Eigelb

1–2 Teel. Kondensmilch

Für das Gelee:

3 Blatt Gelatine

100 ml Marsala

200 ml kräftige Fleischbrühe

Braucht etwas Zeit

Bei 16 Scheiben pro Scheibe
etwa: 2500 kJ/600 kcal
23 g Eiweiß · 36 g Fett
27 g Kohlenhydrate

- Zubereitungszeit: etwa
  3 3/4 Stunden (davon
  1 1/4 Stunden Backzeit)
- Kühlzeiten: 6–7 Stunden

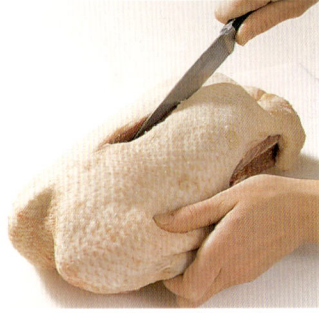

1. Für den Teig die Zutaten mit 100–150 ml kaltem Wasser schnell verkneten. Zu einer Kugel formen und kalt stellen. Die Ente häuten, in Keulen und Brüste teilen. Leber und Brüste beiseite stellen, das Keulenfleisch von den Knochen schneiden, in kleine Würfel schneiden und in eine Schüssel legen.

2. Schweine- und Kalbfleisch kleinschneiden. Mit dem Keulenfleisch, Gewürzen, Kräutern und Weinbrand mischen und zugedeckt in den Kühlschrank stellen. Speck würfeln und kalt stellen. Die Kalbsleber, wenn nötig, häuten und in etwa 3 x 4 cm große Stücke schneiden.

3. Öl erhitzen und Entenbrüste und Lebern kurz anbraten, sie sollen innen leicht rosa bleiben. Salzen und pfeffern. Backofen auf 220° vorheizen. Das restliche Fleisch zweimal durch die feine Scheibe des Fleischwolfs drehen, den Speck einmal; mischen. Pistazien und Ei unterrühren, kräftig salzen und pfeffern.

4. Den Teig auf einer bemehlten Fläche etwa 4 mm dick rechteckig ausrollen. Die Form in die Mitte stellen, nach allen Seiten auf die Teigplatte kippen, so die Umrisse der Form markieren und ausschneiden. Die Form fetten und mit dem Teig auskleiden. Den Teigrest etwa 1/2 cm dick ausrollen, einen Deckel ausschneiden.

5. Ein Drittel der Farce in die Form füllen und Entenleber und -brüste einlegen. Ein Drittel Farce darüber verteilen, darauf Kalbsleberstücke legen. Restliche Farce darübergeben. Die Form fest auf die Arbeitsfläche stoßen. Den Teigdeckel auflegen und an den Rändern festdrücken.

6. 2 Kamine hineinschneiden. Eigelb mit Milch verrühren, den Deckel bestreichen. Aus Teigresten Ornamente ausstechen, auflegen und bepinseln. Die Pastete im Backofen (Mitte, Umluft 200°) etwa 15 Minuten, bei 180° (Umluft 160°) 1 Stunde backen. Eventuell mit Alufolie abdecken, Flüssigkeit abgießen.

7. Die Pastete auskühlen lassen, dann mindestens 3–4 Stunden in den Kühlschrank stellen. Für das Gelee die Gelatine in kaltem Wasser einweichen. Den Marsala mit der Brühe erhitzen, Gelatine darin auflösen. Leicht abgekühlt durch die Kamine in die Pastete gießen.

8. Das Gelee im Kühlschrank in etwa 2 Stunden fest werden lassen. Die Pastete zum Beispiel mit einem bunten Salat servieren.

Tip!

Bei allen Fleischfarcen ist es wichtig, beim Zuschneiden des Fleisches alle Sehnen und Flachsen zu entfernen (parieren), damit die Farce schön zart wird. Wer es besonders gründlich machen möchte, streicht die Farce noch durch ein Holzrahmensieb.

Variante:
Ententerrine
Für das schnellere Gericht lassen Sie den Teig weg und legen Sie die Form mit dünn geschnittenen grünen, also ungeräucherten, Speckscheiben aus. Sie müssen so lang sein, daß man sie über der Farce zusammenklappen kann. Die Form vor dem Garen ein paarmal fest aufstoßen, damit sich keine Luftblasen bilden. Dann im Backofen (Mitte) im Wasserbad bei 180° (Umluft 160°) etwa 1 Stunde garen und 1 Tag im Kühlschrank ruhen lassen. Dazu können Sie das Gelee extra servieren: Heißes Gelee auf eine flache Platte gießen, erstarren lassen und in kleine Würfel schneiden. Oder Sie verzichten auf das Gelee und reichen beispielsweise ein selbstgemachtes Mangokompott oder eine Hagebuttensauce aus dem Glas dazu.

Wachtel-pastete

Zutaten für eine Kastenform von
1 1/2 l Inhalt:

Für den Teig:
500 g Mehl
150 g Schweineschmalz
50 g Butter
Salz · 1 Eigelb
Für die Füllung:
Brüstchen von 8 Wachteln
2 Eßl. Olivenöl
Salz · weißer Pfeffer
200 g Schweineschulter
400 g Hühnerbrust
120 g fetter grüner Speck am Stück
1 Ei
150 g Hühnerleber
30 g Pistazienkerne
30 g schwarze Trüffel (Glas)
2 Eßl. weißer Portwein
100 ml Geflügelfond (Glas)
Zum Bestreichen:
1 Eigelb · 2 Eßl. Kondensmilch
Für die Form: Fett
Für das Gelee:
3–4 Blatt Gelatine
200 ml Fleischbrühe
100 ml weißer Portwein

Etwas teurer

Bei 15 Scheiben pro Portion
etwa: 2000 kJ/430 kcal
12 g Eiweiß · 26 g Fett
29 g Kohlenhydrate

- Zubereitungszeit: etwa
  4 1/4 Stunden (davon 1 Stunde 20 Minuten Backzeit)
- Kühlzeiten: 12 Stunden

1. Für den Teig alle Zutaten mit 100–150 ml kaltem Wasser zu einem festen, elastischen Teig kneten und zugedeckt kalt stellen.

2. Die Wachtelbrüste in dem Öl von beiden Seiten etwa je 1 Minute braten, salzen, pfeffern und auf Küchenpapier legen.

3. Das Schweine- und Hühnerfleisch klein würfeln und zweimal durch die feine Scheibe des Fleischwolfs drehen. Den Speck klein würfeln und durch den Fleischwolf drehen. Alles in eine vorgekühlte Schüssel geben und kräftig mit Salz und Pfeffer würzen. Das Ei unterrühren. Die Hühnerleber in etwa 1 cm große Würfel schneiden und unterheben. Die Pistazien hacken, die Trüffel in winzige Würfel schneiden. Pistazien, Trüffel, Portwein und den Geflügelfond mit der Fleischfarce vermengen und kräftig abschmecken.

4. Den Backofen auf 220° vorheizen. Den Teig auf einer bemehlten Fläche zu einem Rechteck von etwa 4 mm Dicke ausrollen und mit Hilfe der Form Boden und Seitenteile markieren und ausschneiden. Die Form fetten, Boden und Wände mit den Teigplatten auskleiden.

5. Ein Drittel der Fleischfarce in die Form geben, darauf die Hälfte der Wachtelbrüste. Ein weiteres Drittel der Farce auf den Filets verteilen, glattstreichen und die restlichen Filets darauf legen. Den Rest der Farce darüber verteilen und glattstreichen. Den restlichen Teig etwa 1/2 cm dick ausrollen, darüber legen und gut festdrücken. Das Eigelb mit der Kondensmilch verrühren und die Teigplatte damit bestreichen. Mit einem spitzen Messer 3 Kamine in die Teigoberfläche schneiden. Aus Teigresten Ornamente ausstechen und die Teigoberfläche damit verzieren. Die Ornamente ebenfalls mit Eigelb bestreichen.

6. Im Backofen (Mitte, Umluft 200°) etwa 10 Minuten backen. Dann die Pastete mit Alufolie bedecken und bei 180° (Umluft 160°) etwa 1 Stunde 10 Minuten garen. In den letzten 20 Minuten die Folie entfernen. Eventuell vorhandene Flüssigkeit abgießen und die Pastete im abgeschalteten Ofen abkühlen lassen. Dann für mindestens 3–4 Stunden zugedeckt kalt stellen.

7. Für das Gelee die Gelatine in kaltem Wasser einweichen. Die Fleischbrühe mit dem Portwein verrühren und erhitzen. Die Gelatine gut ausdrücken und in der heißen Flüssigkeit auflösen. Das Gelee durch die Kamine in die Pastete gießen und die Pastete für weitere 2–3 Stunden kalt stellen.

Preiselbeeren und Cumberlandsauce (Seite 40) passen gut zur Wachtelpastete.

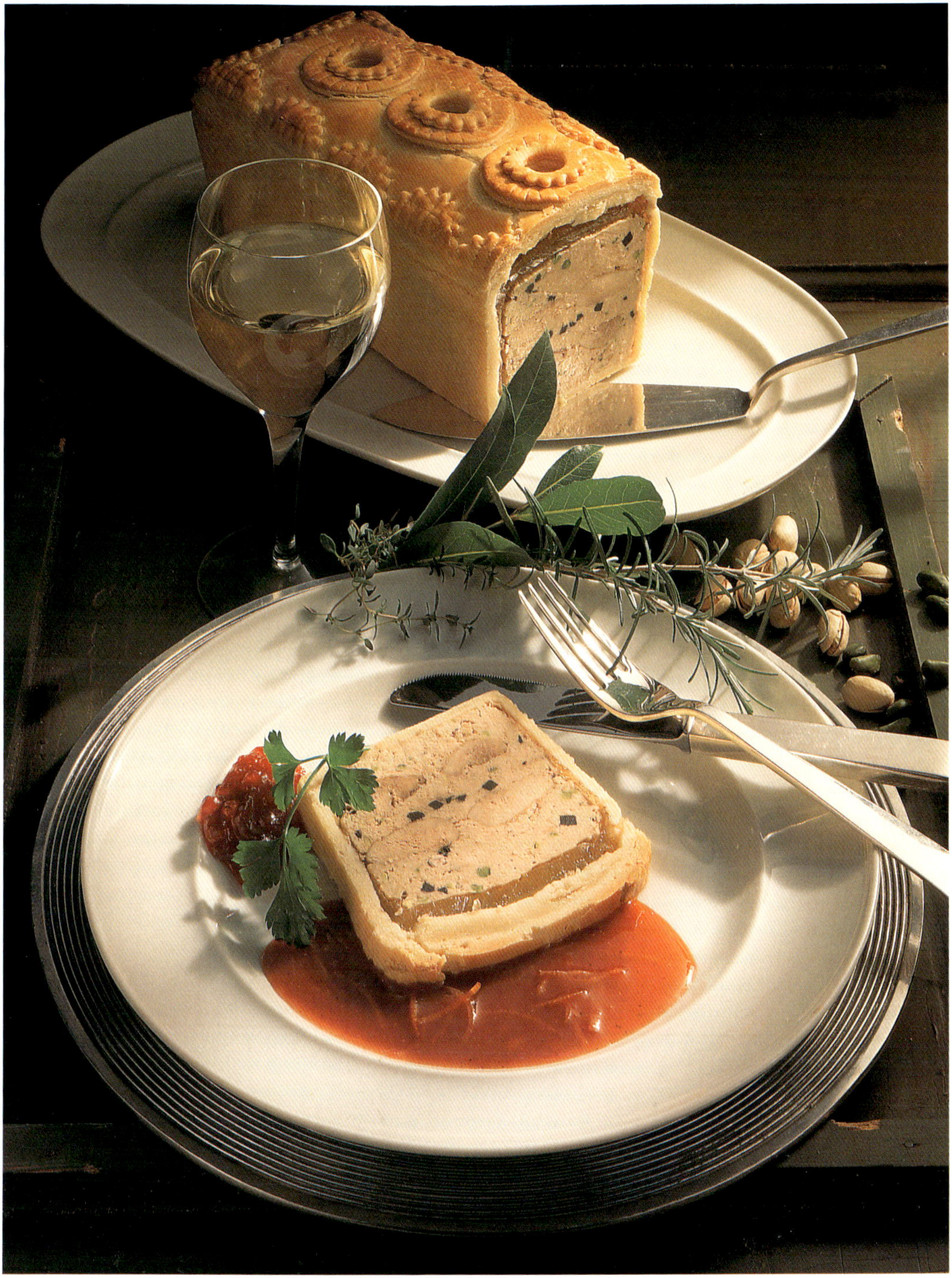

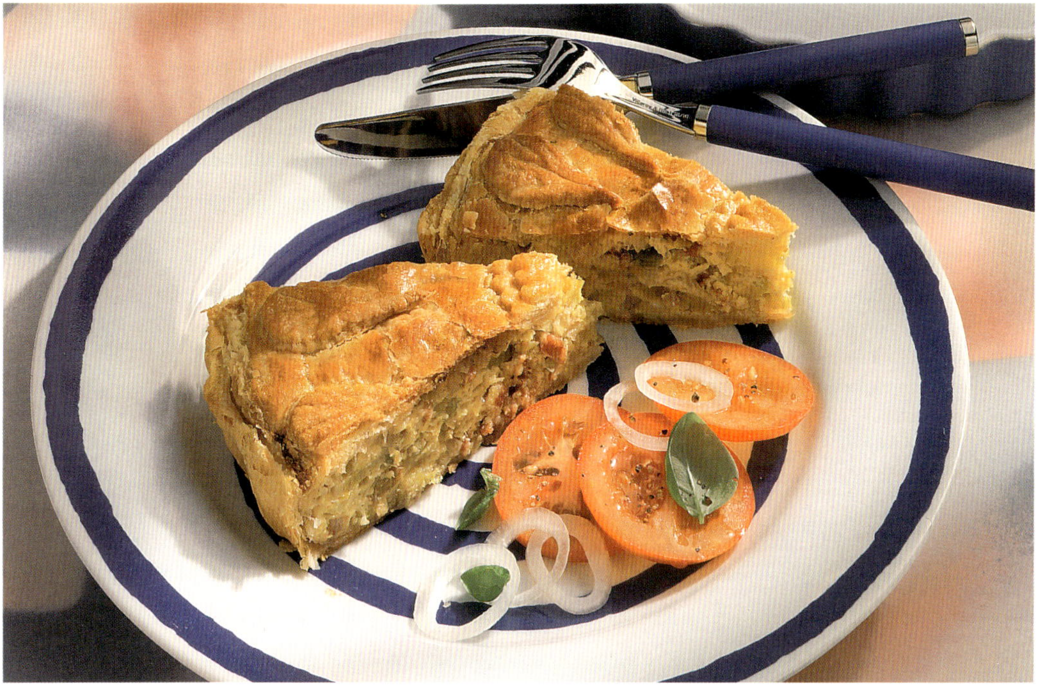

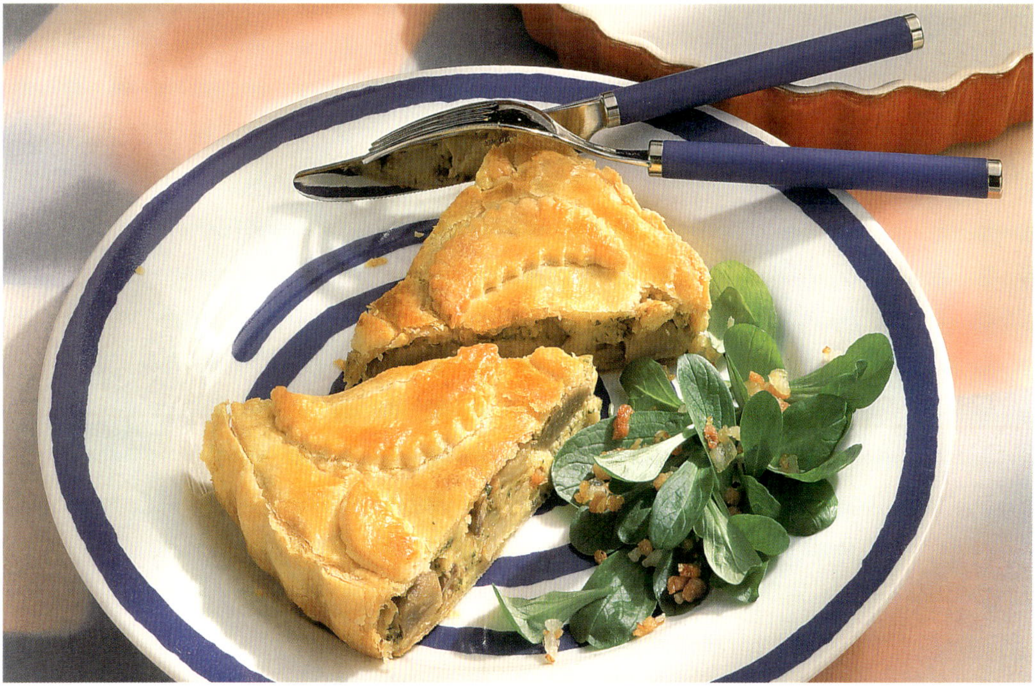

Rehpastete

Zutaten für eine Kastenform von
etwa 1 1/2 l Inhalt:

350 g Rehfilet · 5 cl Cognac

Für den Teig:

500 g Mehl

150 g Schweineschmalz

50 g Butter · Salz · 1 Eigelb

Für die Füllung:

400 g Rehfleisch (aus der Keule)

350 g Schweinefleisch (Schulter)

450 g fetter grüner Speck am Stück

1 Knoblauchzehe · Salz

1 Eßl. Pastetengewürz

1 Teel. grüner Pfeffer, frisch
gemahlen

5 Wacholderbeeren, gemahlen

1 Teel. Thymian, gemahlen

1 Teel. Orangenschale, gemahlen

2 Eßl. Öl · schwarzer Pfeffer

30 g Schalotten

1 Eßl. Butter

150 ml Wildfond (Glas)

2 Eier · 40 g Pistazienkerne

40 g schwarze Trüffel (Glas)

Für die Form: Fett

Zum Bestreichen:

1 Eigelb · 2 Eßl. Kondensmilch

Für das Gelee:

4 Blatt Gelatine

200 ml Wildfond (Glas)

150 ml Madeira

**Braucht etwas Zeit
Exklusiv**

Bei 12 Personen pro Portion
etwa: 3600 kJ/860 kcal
25 g Eiweiß · 47 g Fett
36 g Kohlenhydrate

- Zubereitungszeit: etwa
  3 1/4 Stunden (davon 1 Stunde 10 Minuten Backzeit)
- Ruhezeiten: 13 1/2 Stunden

1. Das Rehfilet längs halbieren und in etwa 5 cm lange
Stücke schneiden. Mit dem
Cognac übergießen, 2 Stunden zugedeckt marinieren.

2. Für den Teig alle Zutaten
mit 100–150 ml kaltem Wasser verkneten und kalt stellen.

3. Für die Füllung Fleisch und
Speck kleinschneiden. Knoblauch schälen, pressen und
mit den Gewürzen, Thymian
und der Orangenschale über
das Fleisch streuen, kalt stellen. Den Speck getrennt kalt
stellen.

4. Am Ende der Marinierzeit
das Öl erhitzen. Rehfilets trok-
kentupfen und kurz braun anbraten. Herausnehmen, salzen,
pfeffern und beiseite stellen.

5. Das Öl aus der Pfanne
gießen. Schalotten schälen
und fein würfeln. Butter in der
Pfanne aufschäumen lassen,
Schalotten glasig dünsten, mit
Cognac von der Marinade
und 150 ml Wildfond bei
mittlerer Hitze auf etwa
100 ml einkochen lassen.

6. Das Fleisch aus dem Kühlschrank mit den Gewürzen
zweimal durch den Fleischwolf drehen. Speck einmal
durchdrehen. Alles in einer
Schüssel in Eiswasser stellen.
Die Eier, die Schalotten und
den eingekochten Fond hinzufügen, mischen und ab-
schmecken. Pistazien und
Trüffel grob hacken und untermischen. Den Backofen auf
220° vorheizen.

7. Den Teig zu einem Rechteck von etwa 4 mm Dicke
ausrollen, mit der Form Boden
und Wände markieren und
ausschneiden. Die Form fetten
und mit dem Teig auskleiden.
Ein Drittel der Farce einfüllen
und die Hälfte der Rehfilets
darauf legen. Ein Drittel Farce
darauf verteilen, die restlichen Filets darauf legen, übrige Farce darüber verteilen
und glattstreichen. Den restlichen Teig ausrollen, über die
Farce legen, Teigränder festdrücken. Das Eigelb mit der
Kondensmilch verrühren und
den Deckel damit bestrei-
chen. Mit einem spitzen Messer 3 Kamine hinein schneiden. Aus Teigresten Orna-
mente ausstechen, auf dem
Teigdeckel verteilen, bestreichen.

8. Die Pastete in den Backofen (Mitte, Umluft 200°)
schieben und etwa 10 Minuten backen, dann bei 180°
(Umluft 160°) garen. Im ausgeschalteten Ofen auskühlen
lassen, eventuell vorhandene
Flüssigkeit abgießen. Mindestens 5–6 Stunden kalt stellen.

9. Für das Gelee die Gelatine in kaltem Wasser einweichen. Den restlichen Wildfond mit dem Madeira erhitzen und die Gelatine darin
auflösen. Durch die Kamine
in die Pastete gießen, weitere
3–4 Stunden kalt stellen.

*Filetierte Orangenscheiben passen
gut zu der edlen Rehpastete.*

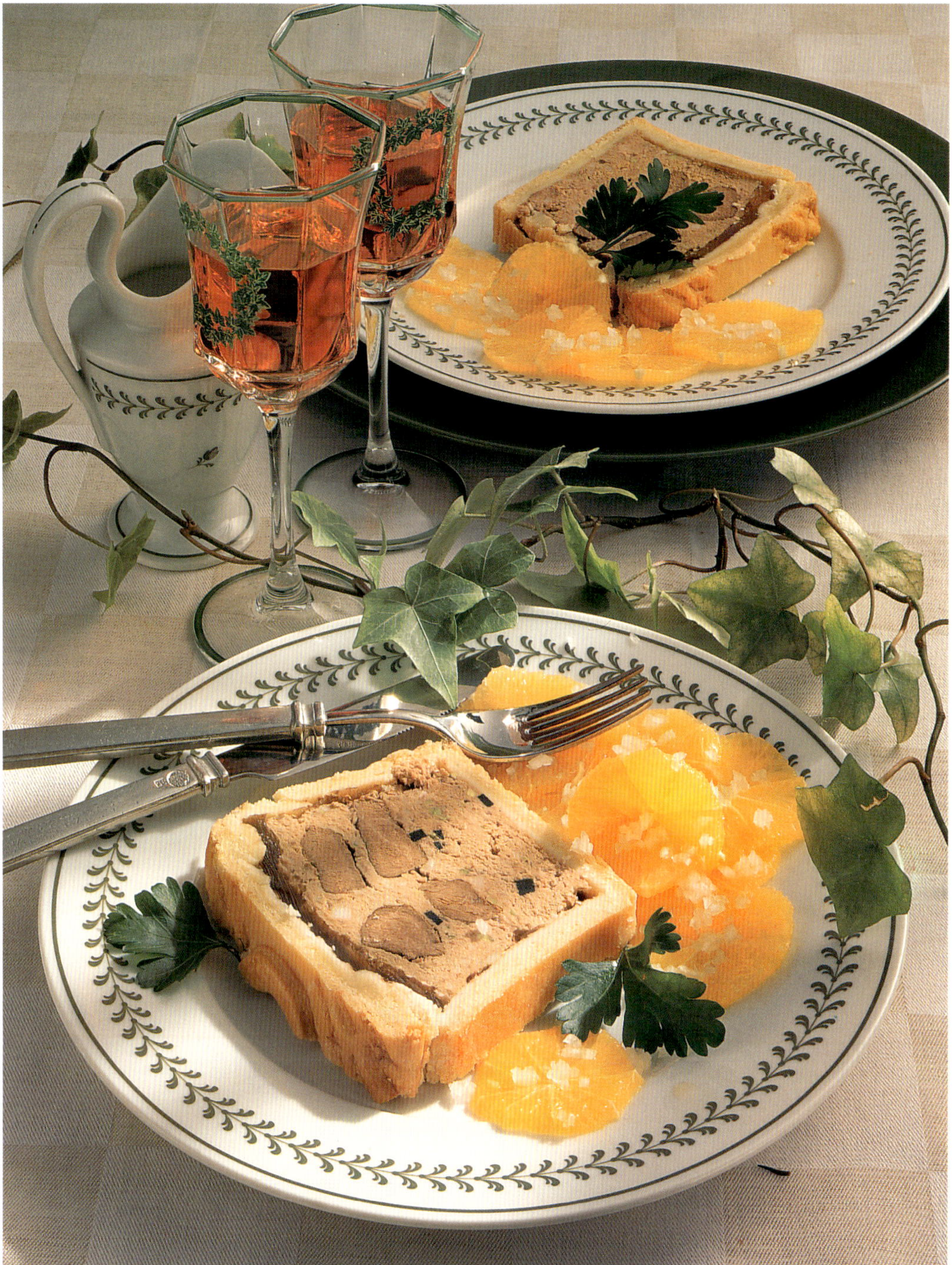

Geflügel-pastete

Zutaten für eine Kastenform von

1 1/2 l Inhalt:

Für den Teig:

500 g Mehl

150 g Schweineschmalz

50 g Butter · Salz · 1 Eigelb

Für die Füllung:

350 g Hühner- oder Putenfleisch

200 g Schweinenacken

200 g frischer grüner Speck

Salz · 1 Teel. weißer Pfeffer

1/2 Teel. Muskatblüte, gemahlen

300 g Hühner- oder Putenleber

2 Eßl. Butter oder Margarine

300 g Hühner- oder Putenbrustfilets

100 g Sahne

2 cl Madeira

3 Eßl. grüne Pfefferkörner

1 Teel. Pastetengewürz (oder

Pimentpulver)

1 Messerspitze Cayennepfeffer

abgeriebene Schale von 1 unbe-

handelten Zitrone

Für die Arbeitsfläche: Mehl

Für die Form: Fett

Zum Bestreichen:

1 Eigelb · 1–2 Teel. Kondensmilch

Für das Gelee:

3 Blatt Gelatine

200 ml kräftige Fleischbrühe

100 ml roter Portwein oder Brühe

Preiswert

Bei 15 Scheiben pro Scheibe
etwa: 2200 kJ/520 kcal
19 g Eiweiß · 30 g Fett
28 g Kohlenhydrate

- Zubereitungszeit: etwa
  2 Stunden (davon
  1 1/4 Stunden Backzeit)
- Kühlzeit: 12 Stunden

1. Teigzutaten mit 100–150 ml kaltem Wasser schnell verkneten, zu einer Kugel formen und kalt stellen.

2. Für die Füllung Hühner- oder Putenfleisch, Schweinefleisch und Speck in kleine Würfel schneiden. Fleisch zweimal durch die feine Scheibe des Fleischwolfs drehen, Speck einmal. Mit Salz, Pfeffer und Muskatblüte gut durchmengen und kalt stellen.

3. Die Lebern von Sehnen befreien. Die Butter erhitzen, Lebern von beiden Seiten braun anbraten, auf Küchenpapier abtropfen lassen, salzen und pfeffern. Brustfilets anbraten. Das Fleisch aus dem Kühlschrank mit Sahne, Madeira, Gewürzen und Zitronenschale vermengen und kräftig abschmecken. Den Backofen auf 220° vorheizen.

4. Den Teig auf einer bemehlten Fläche etwa 4 mm dick rechteckig ausrollen, die Umrisse der Form markieren und ausschneiden. Die Form fetten und mit dem Teig auskleiden. Teigrest etwa 1/2 cm dick ausrollen und einen Deckel ausschneiden.

5. Ein Drittel der Farce in die Form füllen, dabei an den Seiten etwas hochstreichen. Die Filets hineinlegen und mit einer dünnen Schicht Farce bedecken. Dann die Lebern hineinlegen und mit dem Rest Farce bedecken. Die Form mehrmals fest auf die Arbeits-

fläche stoßen, damit sich keine Luftblasen bilden. Den Teigdeckel darauf legen und an den Rändern festdrücken.

6. Mit einem spitzen Messer 2 Kamine in den Teigdeckel schneiden (je 1 cm Durchmesser). Das Eigelb mit Kondensmilch verrühren und die Teigplatte damit bestreichen. Aus Teigresten Ornamente ausstechen, auf den Deckel legen, bepinseln.

7. Die Pastete im Backofen (Mitte, Umluft 200°) etwa 15 Minuten garen, dann mit Alufolie bedecken und bei 180° (Umluft 160°) noch etwa 1 Stunde backen. Falls nötig, ab und zu die Flüssigkeit abgießen.

8. Die Form herausnehmen und völlig auskühlen lassen. Dann in den Kühlschrank stellen. Für das Gelee die Gelatine in kaltem Wasser einweichen. Die Brühe mit Portwein erhitzen und Gelatine darin auflösen. Leicht abgekühlt durch die Kamine in die Pastete gießen und im Kühlschrank fest werden lassen. Vor dem Servieren die Pastete aus der Form stürzen.

Zur Geflügelpastete passen Cumberlandsauce (Seite 40), Pikante Orangensauce (Seite 40), aber auch süßsauer eingelegtes Gemüse wie Kürbis, Quitten oder Pflaumen.

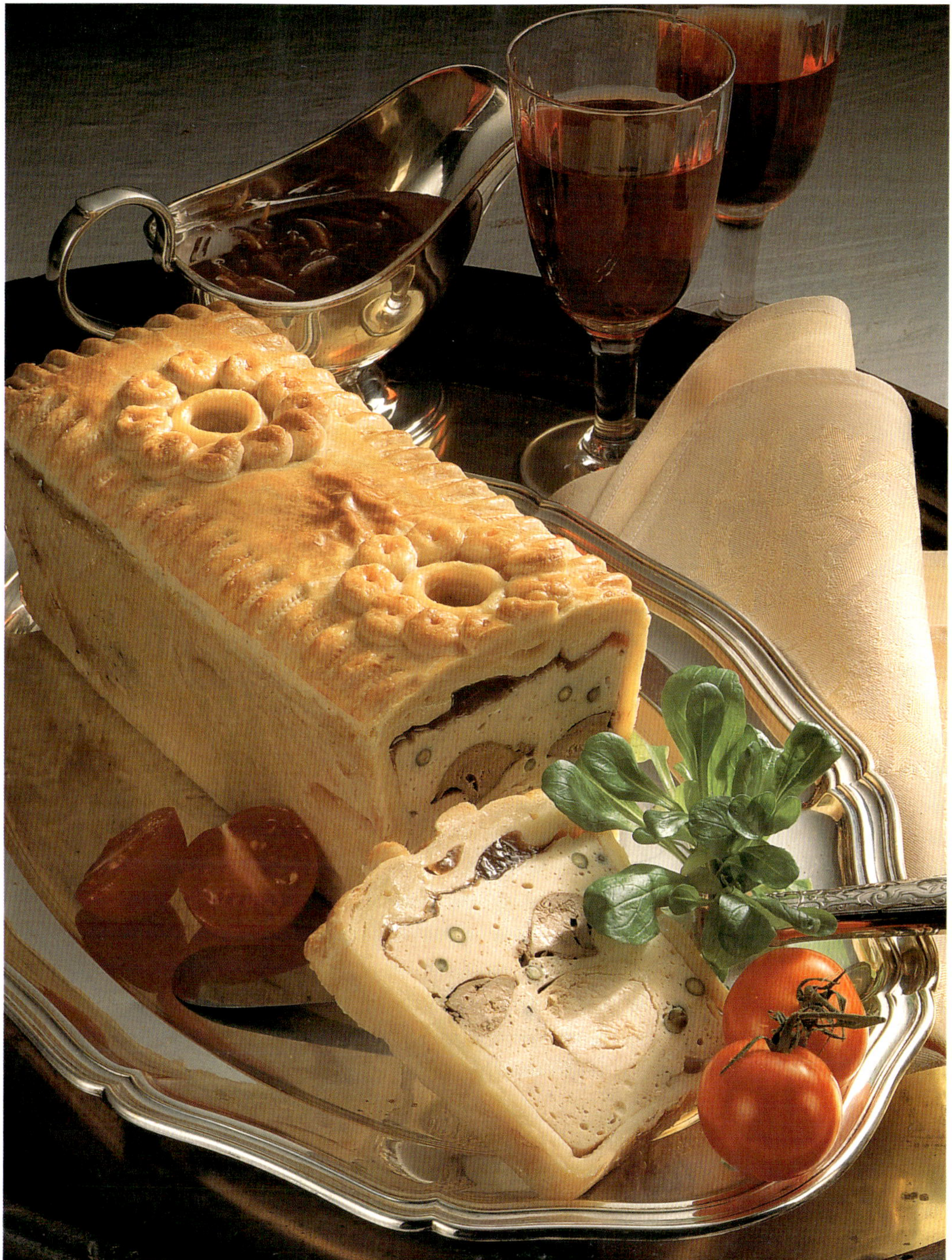

Hechtpastete mit Lachs

Zutaten für eine Kastenform von

1 1/2 l Inhalt:

Für den Teig:

500 g Mehl

150 g Schweineschmalz

50 g Butter

Salz

1 Eigelb

Für die Füllung:

800 g Hechtfilet

6 Eiweiß

Salz

weißer Pfeffer

1 Messerspitze Cayennepfeffer

1 1/2 Teel. Zitronensaft

750 g Sahne

40 g schwarze Trüffel (Glas)

800 g Lachsfilet

Salz

Für die Arbeitsfläche: Mehl

Für die Form: Fett

Zum Bestreichen:

1 Eigelb

2–3 Eßl. Kondensmilch

Für das Gelee:

3 Blatt Gelatine

300 ml Fischfond (Glas)

Raffiniert • Etwas teurer

Bei 12 Scheiben pro Scheibe
etwa: 2900 kJ/690 kcal
33 g Eiweiß · 47 g Fett
36 g Kohlenhydrate

- Zubereitungszeit: etwa
  2 1/4 Stunden (davon
  1 1/4 Stunden Backzeit)
- Kühlzeiten: 9–12 Stunden

1. Für den Teig die Zutaten mit 100–150 ml kaltem Wasser verkneten und kalt stellen. Für die Füllung den Fisch entgräten, in Stücke schneiden, fein pürieren und in eine Schüssel füllen. In eine mit Eiswürfeln gefüllte Schüssel stellen und Eiweiße, Gewürze und Zitronensaft hineinrühren. Kalt stellen.

2. Den Teig auf einer bemehlten Fläche etwa 4 mm dick ausrollen, mit Hilfe der Form die Umrisse markieren und ausschneiden. Die Form ausfetten und mit dem Teig auskleiden. Nach und nach die Sahne unter die Farce rühren. Die Trüffel sehr klein schneiden und unterrühren. Kräftig salzen und pfeffern.

3. Den Lachs zu Stücken von etwa 2 x 4 cm schneiden und leicht salzen. Ein Drittel der Farce in die Form füllen. Den Lachs zur Hälfte darauf verteilen. Ein Drittel Farce darüber streichen und den Rest Lachs darauf legen. Übrige Fischfarce darüber verteilen und glattstreichen. Den Backofen auf 180° vorheizen.

4. Den restlichen Teig ausrollen, über die Masse legen und an den Rändern festdrücken. Überstehende Ränder abschneiden. Das Eigelb mit der Kondensmilch verrühren und den Teigdeckel damit bestreichen.

5. Aus den Teigresten Ornamente ausstechen und den Teigdeckel damit verzieren. Die Ornamente ebenfalls mit Eigelb bestreichen.

Variante:
Preiswerter können Sie eine Fischpastete zubereiten, wenn Sie statt Hecht- Forellenfilets verwenden, statt Lachs Lachsforelle und die teuren Trüffel weglassen oder durch winzige Stückchen von Champignons oder schwarzen Oliven ersetzen.

6. Mit einem spitzen Messer 3 Kamine in den Teigdeckel schneiden. Die Pastete im Backofen (Mitte, Umluft 160°) etwa 1 1/4 Stunden backen, nach 30 Minuten eventuell abdecken. Noch 30 Minuten im Ofen lassen, dann eventuell entstandene Flüssigkeit abgießen und die Pastete in der Form auskühlen lassen.

Tip!

Auf dem Foto stehen in den Kaminen, durch die beim Garen Dampf entweichen soll, selbstgefaltete Aluröhrchen-Kamine. In Haushaltswarengeschäften gibt es sie auch zu kaufen – aber unbedingt notwendig sind sie nicht.

7. Für 6–8 Stunden in den Kühlschrank stellen. Dann für das Gelee die Gelatine in kaltem Wasser einweichen. Den Fischfond erhitzen und die ausgedrückte Gelatine darin auflösen. Durch die Kamine in die Pastete gießen.

8. Weitere 3–4 Stunden fest werden lassen. Vor dem Servieren die Pastete vorsichtig aus der Form lösen. Eventuell mit einer Dillmayonnaise servieren.

Kalbspastete mit Trauben-Grappa-Sauce

Zutaten für 6–8 Personen:

Für den Teig:

300 g Mehl

150 g Butter

Salz

70 ml Milch

Für die Füllung:

800 g mageres Kalbfleisch

Salz

weißer Pfeffer, frisch gemahlen

1 Messerspitze Muskatnuß, frisch gerieben

1 Bund Petersilie, frisch gehackt

1 Ei · 2 Eßl. saure Sahne

2–3 Spritzer Worcestershiresauce

2 Eßl. Mehl

4 Eßl. Olivenöl

1 Zwiebel · 1 Möhre

1 Stück Knollensellerie

150 ml Weißwein

Für das Backblech: Fett

Für die Arbeitsfläche: Mehl

Zum Bestreichen:

1 Eigelb · 2 Eßl. Milch

Für die Sauce:

350 g weiße Trauben

50 ml Marsala

20 ml Grappa

Salz

weißer Pfeffer, frisch gemahlen

1 Eßl. saure Sahne

Braucht etwas Zeit Für Gäste

Bei 8 Personen pro Portion etwa: 2200 kJ/520 kcal
24 g Eiweiß · 29 g Fett
43 g Kohlenhydrate

• Zubereitungszeit: etwa 2 1/4 Stunden

1. Für den Teig alle Zutaten zu einem geschmeidigen Teig verkneten, etwa 1 Stunde in den Kühlschrank stellen.

2. Den Backofen auf 200° vorheizen. Für die Füllung das Kalbfleisch würfeln und einmal durch die feine Scheibe des Fleischwolfs drehen. Das Fleisch mit Salz, Pfeffer, Muskat, Petersilie, Ei, Sahne und Worcestersauce kräftig würzen, zu einer länglichen Rolle formen und von allen Seiten in dem Mehl wenden.

3. 2 Eßlöffel Öl in einer Pfanne erhitzen und die Fleischrolle bei starker Hitze von allen Seiten anbraten. Eine feuerfeste Form mit dem restlichen Öl auspinseln, die Fleischrolle hineinlegen und im Backofen (Mitte, Umluft 180°) etwa 50 Minuten garen, dabei ab und zu wenden.

4. Inzwischen die Zwiebel schälen und vierteln, die Möhre und den Sellerie schälen und grob würfeln. Nach etwa 15 Minuten Garzeit zum Fleisch geben und den Wein angießen. Nach Ende der Garzeit alles abkühlen lassen, dann die Fleischrolle herausnehmen. Den Bratfond durch ein Sieb in einen Topf gießen.

5. Ein Backblech fetten. Den Teig auf einer bemehlten Fläche so ausrollen, daß die Fleischrolle darin Platz hat. Die Rolle ohne das Gemüse darauf legen, den Teig gut verschließen, mit verquirltem

Milch-Eigelb bepinseln. Aus Teigresten Ornamente formen und die Teigrolle damit verzieren, die Ornamente ebenfalls mit Eigelb bestreichen. Die Teigrolle mit der Nahtstelle nach unten auf das Blech setzen und im Backofen (Mitte, Umluft 180°) etwa 30 Minuten backen.

6. Inzwischen für die Sauce die Trauben in kochendes Wasser geben und etwa 5 Minuten blanchieren. Herausnehmen, abtropfen lassen, halbieren und entkernen.

7. Den Bratfond aufkochen lassen, Marsala und Grappa hinzufügen. Etwa 5 Minuten köcheln lassen, durch ein Sieb gießen. Die Sauce mit Salz und Pfeffer abschmecken und die Sahne hinzufügen. Die Trauben in die Sauce geben und noch 1–2 Minuten erhitzen.

8. Die Kalbspastete auf einer vorgewärmten Platte in Scheiben schneiden, die Sauce getrennt dazu reichen.

Ein wirklich edles Gericht für einen ganz besonderen Anlaß ist die Kalbspastete mit Trauben-Grappa-Sauce.

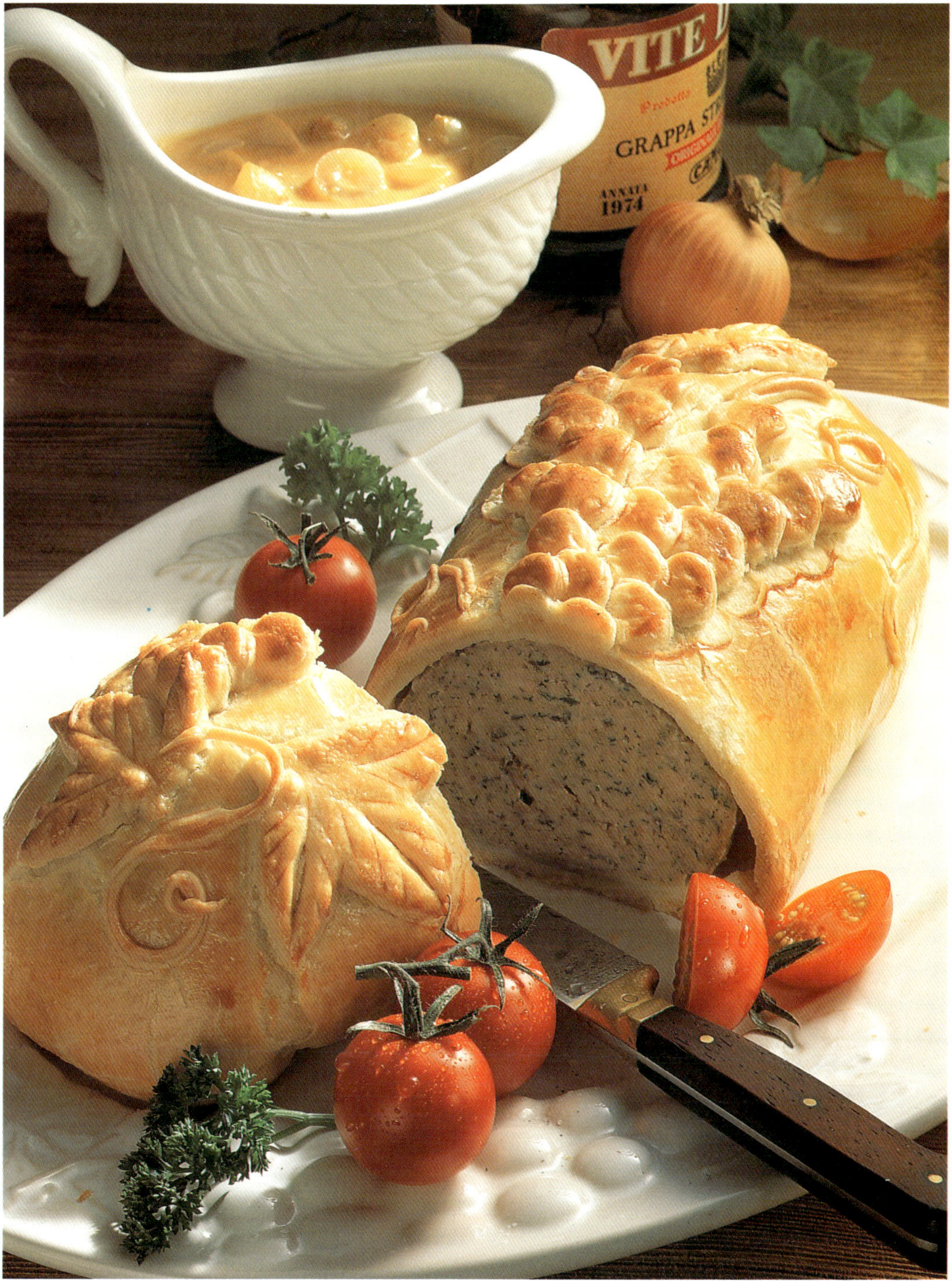
VITE
Prodotto
GRAPPA
ANNATA
1974

Hackfleischpie

Zutaten für eine Pieform von
28 cm Ø:

Für den Teig:

250 g kalte Butter oder Margarine

250 g Magerquark

250 g Mehl

1 Teel. Salz

Für die Füllung:

1 Zwiebel

2 Knoblauchzehen

2 Eßl. Öl

800 g gemischtes Hackfleisch

1 grüne oder rote Paprikaschote

(etwa 100 g)

2 Tomaten (etwa 150 g) · Salz

schwarzer Pfeffer, frisch gemahlen

2 Eßl. Paprikapulver, edelsüß

1 Eßl. Worcestershiresauce

5–6 Spritzer Tabasco

Für die Arbeitsfläche: Mehl

Für die Form: Fett

Zum Bestreichen: 1 Eigelb

Gelingt leicht

Bei 8 Personen pro Portion
etwa: 2800 kJ/665 kcal
27 g Eiweiß · 50 g Fett
28 g Kohlenhydrate

• Zubereitungszeit: etwa
  1 1/2 Stunden (davon
  45 Minuten Backzeit)

1. Für den Teig Butter oder
Margarine in Flöckchen mit
Quark, Mehl und Salz verkneten und in den Kühlschrank
stellen.

2. Für die Füllung die Zwiebel schälen und fein würfeln,
den Knoblauch schälen. Das
Öl in einer großen Pfanne
erhitzen und die Zwiebel

darin goldbraun braten, den
Knoblauch dazupressen und
kurz mitbraten. Das Hack-
fleisch hinzufügen und unter
gelegentlichem Rühren bei
starker Hitze etwa 10 Minuten braten, bis es grau
geworden ist.

3. Inzwischen die Paprika
putzen und fein würfeln, die
Tomaten überbrühen, häuten,
entkernen und in etwa 2 cm
große Stücke schneiden. Zum
Fleisch geben und alle Gewürze hinzufügen. Weitere
5–10 Minuten bei mittlerer
Hitze garen. Den Backofen
auf 175° vorheizen.

4. Zwei Drittel des Teigs auf
einer bemehlten Arbeitsfläche
zu einem Kreis von etwa
32 cm Durchmesser ausrol-
len. Die Form ausfetten und
den Teig hineinlegen. Das
Hackfleisch hineinfüllen und
glattstreichen. Den Teigrest
ebenfalls rund ausrollen, er
soll an den Rändern etwas
überstehen.

5. Den Deckel auflegen, die
Ränder fest zusammen-
drücken (das geht mit einem
Gabelrücken sehr gut). Einen
Kamin ausschneiden. Aus
Teigresten eventuell Orna-
mente ausstechen und auf der
Teigoberfläche verteilen. Das
Eigelb mit etwas Wasser ver-
quirlen und die Teigober-
fläche damit bestreichen.

6. Die Pie im Backofen
(Mitte, Umluft 160°) etwa
45 Minuten backen, eventuell
mit Alufolie abdecken. Heiß
servieren.

Variante:
Die Füllung für eine Pie können Sie vielfältig abwandeln:
Garen Sie Auberginen-,
Zucchini- und Tomatenwürfel
mit Gewürzen und Kräutern
kurz vor und füllen Sie sie
dann in die Pie.
Ober bereiten Sie als Füllung
ein Lammgulasch mit Kartof-
feln und grünen Bohnen zu
oder ein Schweinegeschnet-
zeltes mit Sauerkraut.

*Die Hackfleischpie sieht attraktiv
aus, schmeckt phantastisch und
macht dabei nicht viel Mühe.*

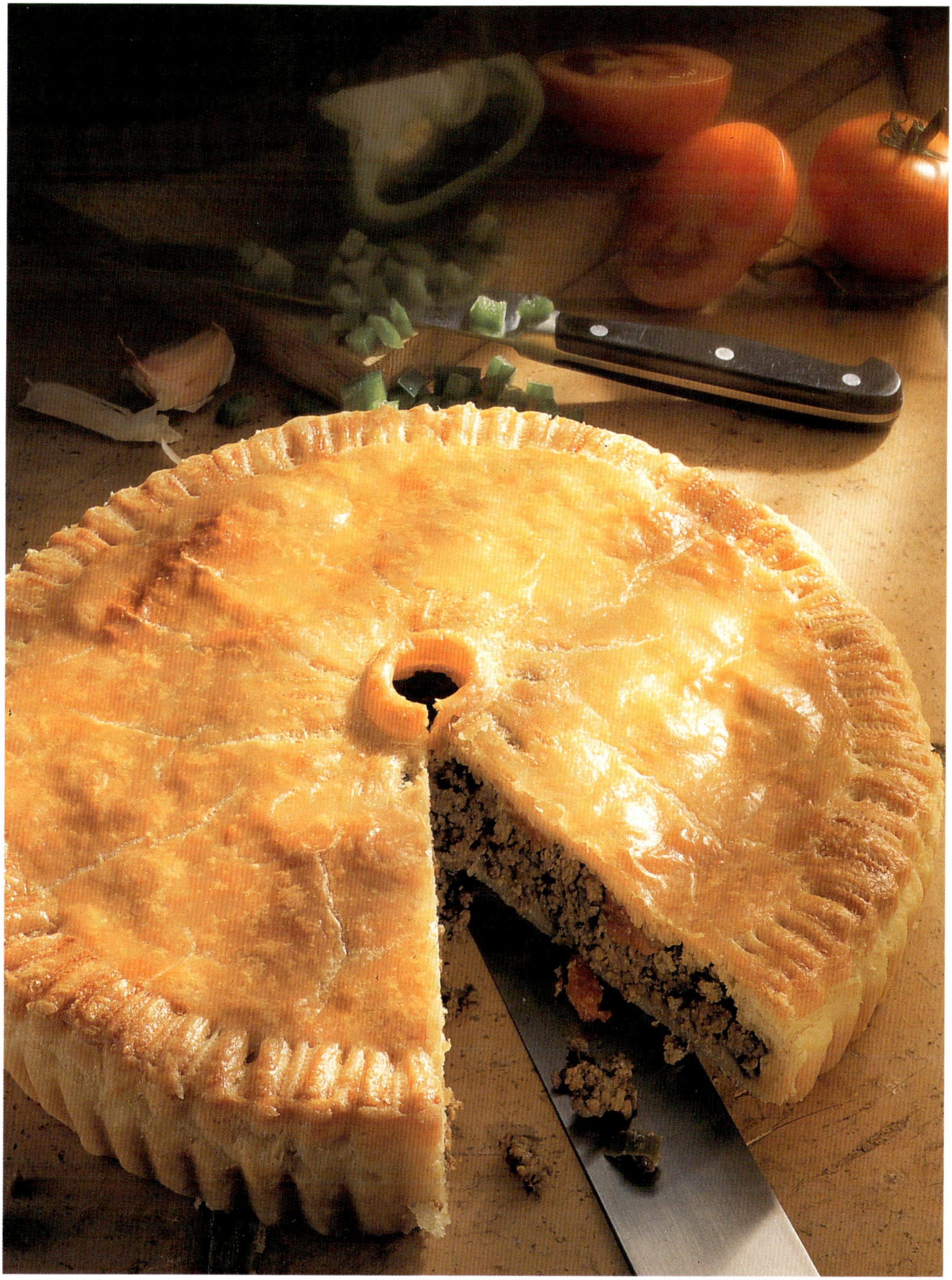

Wildterrine

Zutaten für eine Kastenform von
1 1/2 l Inhalt:

2 Scheiben Toastbrot

300 g Sahne

400 g mageres Wildfleisch ohne
Fett, Knochen und Sehnen

200 g magere Schweineschulter

200 g frischer grüner Speck

Salz · 1 Teel. schwarzer Pfeffer

je 1/2 Teel. Ingwer, Piment und
Wacholder, gemahlen

1 Messerspitze Nelkenpulver

abgeriebene Schale von 1 unbe-
handelten Zitrone

200 g Hasen- oder Rehleber
(ersatzweise Kalbsleber)

20 g Butter

2 Eßl. roter Portwein

2 Eßl. Weinbrand

Für die Form: 300–400 g frischer
grüner Speck in dünnen Scheiben

Für Gäste

Bei 15 Scheiben pro Scheibe
etwa: 2100 kJ/500 kcal
12 g Eiweiß · 29 g Fett
4 g Kohlenhydrate

- Zubereitungszeit: etwa
  2 Stunden (davon
  1 1/4 Stunden Garzeit)
- Kühlzeit: 3–4 Stunden

1. Das Toastbrot in 6 Eßlöffeln Sahne einweichen. Das
Fleisch und den Speck klein
würfeln und nacheinander
einmal durch die feine Scheibe des Fleischwolfs drehen.
Alle Gewürze hinzufügen, gut
vermengen und kalt stellen.

2. Die Leber, wenn nötig,
häuten und in Stücke schneiden. Die Butter erhitzen und
die Leber darin kurz anbraten. Herausnehmen, salzen,
pfeffern und mit Portwein
beträufeln. Kalt stellen. Backofen auf 180° vorheizen.

3. Die Fleischfarce gut durch-
arbeiten und übrige Sahne
und Weinbrand hinzufügen.
Kräftig abschmecken.

4. Die Form mit dem Speck
auslegen, die Hälfte der
Farce einfüllen und die Leber
darauf legen. Restliche Farce
darübergeben, Speck dar-
über klappen. Die Fettpfanne
in den Backofen (Mitte) schieben, zu zwei Dritteln mit
heißem Wasser füllen, die
Terrine hineinstellen und etwa
1 1/4 Stunden (Umluft 160°)
garen. Im Ofen abkühlen lassen. Eventuell vorhandene
Flüssigkeit abgießen, dann
die Terrine für einige Stunden
in den Kühlschrank stellen.

Entenleber-
terrine

Zutaten für eine Terrinenform von
1 l Inhalt:

250 g Enten- oder Gänsebratleber

1/4 l Milch

250 g Butter · 250 g Sahne

Salz · weißer Pfeffer

1 Teel. abgeriebene Schale einer
unbehandelten Orange

1 Teel. getrockneter Majoran

2 Eßl. roter Portwein

1 Ei

Raffiniert

Bei 6 Personen pro Portion
etwa: 2300 kJ/550 kcal
13 g Eiweiß · 52 g Fett
5 g Kohlenhydrate

- Zubereitungszeit: etwa
  1 Stunde
- Kühlzeiten: 16 Stunden

1. Die Leber von allen Adern
und Blutgerinnseln befreien,
in die Milch legen und etwa
4 Stunden kalt stellen. Die
Leber herausnehmen, trockentupfen und klein würfeln. Die
Milch wegschütten. Den Backofen auf 150° vorheizen.

2. Die Butter zerlassen, die
Sahne dazugießen. Die Leber
pürieren und durch ein feines
Sieb in eine Schüssel streichen. Mit Salz, Pfeffer, Orangenschale, Majoran und Portwein würzen, das Ei, dann
die lauwarme Buttermischung
unterrühren. Die Farce in die
Form füllen und mit dem
Deckel oder mit Alufolie verschließen.

3. Die Form in die Fettpfanne
in den Backofen (Mitte) stellen
und diese etwa 5 cm hoch
mit heißem Wasser füllen.
Die Terrine etwa 35 Minuten
(Umluft 140°) garen. Dann
etwa 10 Minuten im ausge-
schalteten Ofen lassen. Herausnehmen, auskühlen lassen,
über Nacht in den Kühl-
schrank stellen.

Im Bild vorne. Entenleberterrine
Im Bild hinten: Wildterrine

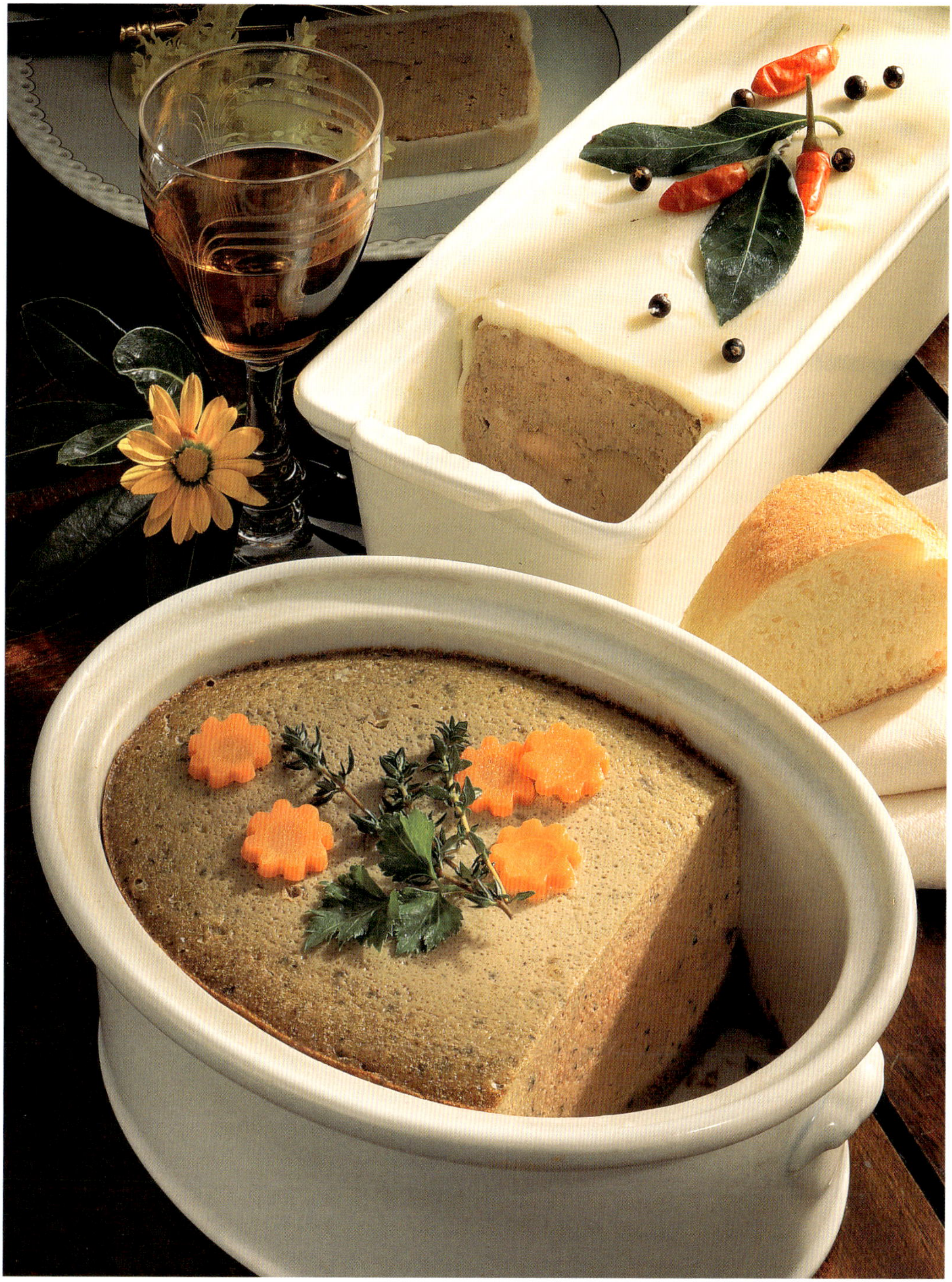

Geflügel-terrine

Zutaten für eine Kastenform von

1 1/2 l Inhalt:

500 g Geflügelfleisch (Keulen oder Brust, ohne Knochen und Sehnen)

300 g fetter Schweinebauch (ohne Schwarte)

300 g magere Schweineschulter

Salz

weißer Pfeffer, frisch gemahlen

1 Teel. Pimentpulver

1 Messerspitze Muskatnuß, frisch gerieben

1 Messerspitze Cayennepfeffer

400 g Champignons

60 g Butter

1 Hühnerbrust (etwa 300 g)

2 Eier

200 g Sahne

Für die Form: 400 g frischer grüner Speck in hauchdünnen, langen Scheiben

Preiswert

Bei 12 Scheiben pro Scheibe
etwa: 2700 kJ/640 kcal
25 g Eiweiß · 43 g Fett
1 g Kohlenhydrate

- Zubereitungszeit: etwa
  2 1/2 Stunden (davon
  1 1/2 Stunden Garzeit)
- Kühlzeit: 2–3 Stunden

1. Das Geflügelfleisch, den Schweinebauch und die Schweineschulter in kleine Würfel schneiden, mit den Gewürzen bestreuen und kalt stellen.

2. Die Champignons putzen, kurz abbrausen und grob hacken. In einer Pfanne 2 Eß-löffel Butter erhitzen und die Pilze garen, bis alle Flüssigkeit verdampft ist. Herausnehmen und salzen und pfeffern.

3. Die Hühnerbrust längs durchschneiden. Die restliche Butter in einer anderen Pfanne erhitzen und das Fleisch bei mittlerer Hitze von beiden Seiten hellbraun braten. Es soll innen noch leicht rosa sein. Beiseite stellen. Den Backofen auf 150° vorheizen.

4. Das vorbereitete Fleisch zweimal durch die feine Scheibe des Fleischwolfs drehen und mit den Eiern, der Sahne und den gut abgetropften Champignons vermengen. Die Farce nochmals kräftig abschmecken.

5. Die Form mit den Speckscheiben auskleiden und die Hälfte der Farce einfüllen. In die Mitte eine kleine Kuhle drücken und die Hühnerfilets hintereinander einlegen. Mit der restlichen Farce bedecken. Die Speckscheiben darüber zusammenklappen.

6. Die Form mit Alufolie verschließen. Die Fettpfanne im Backofen (Mitte) zu zwei Dritteln mit heißem Wasser füllen und die Terrine darin 1 1/4 Stunden (Umluft 140°) garen. Die Terrine noch 15–20 Minuten im ausgeschalteten Ofen lassen, dann herausnehmen und die Flüssigkeit abgießen. Die Terrine in der Form auskühlen lassen und für mindestens 2–3 Stunden in den Kühlschrank stellen. Vor dem Servieren in Scheiben schneiden, dabei den Speckmantel dranlassen. Man ißt ihn aber nicht mit.

Tip!

Der Speck, der für Terrinen verwendet wird, heißt »grün«, weil er nicht geräuchert, sondern frisch ist. Er muß für die Ummantelung von Terrinen immer hauchdünn geschnitten sein, und zwar im Format von etwa 25 x 10 cm. So kann man die Scheiben noch gut über der Farce zusammenklappen. Sie können den Speck so beim Metzger bestellen.

Zur Geflügelterrine mit Champignons passen süß-sauer eingelegte Gemüse wie Kürbis, rote Bete oder auch Essigpflaumen. Oder eine klassische kalte Sauce wie die Cumberlandsauce (Seite 40).

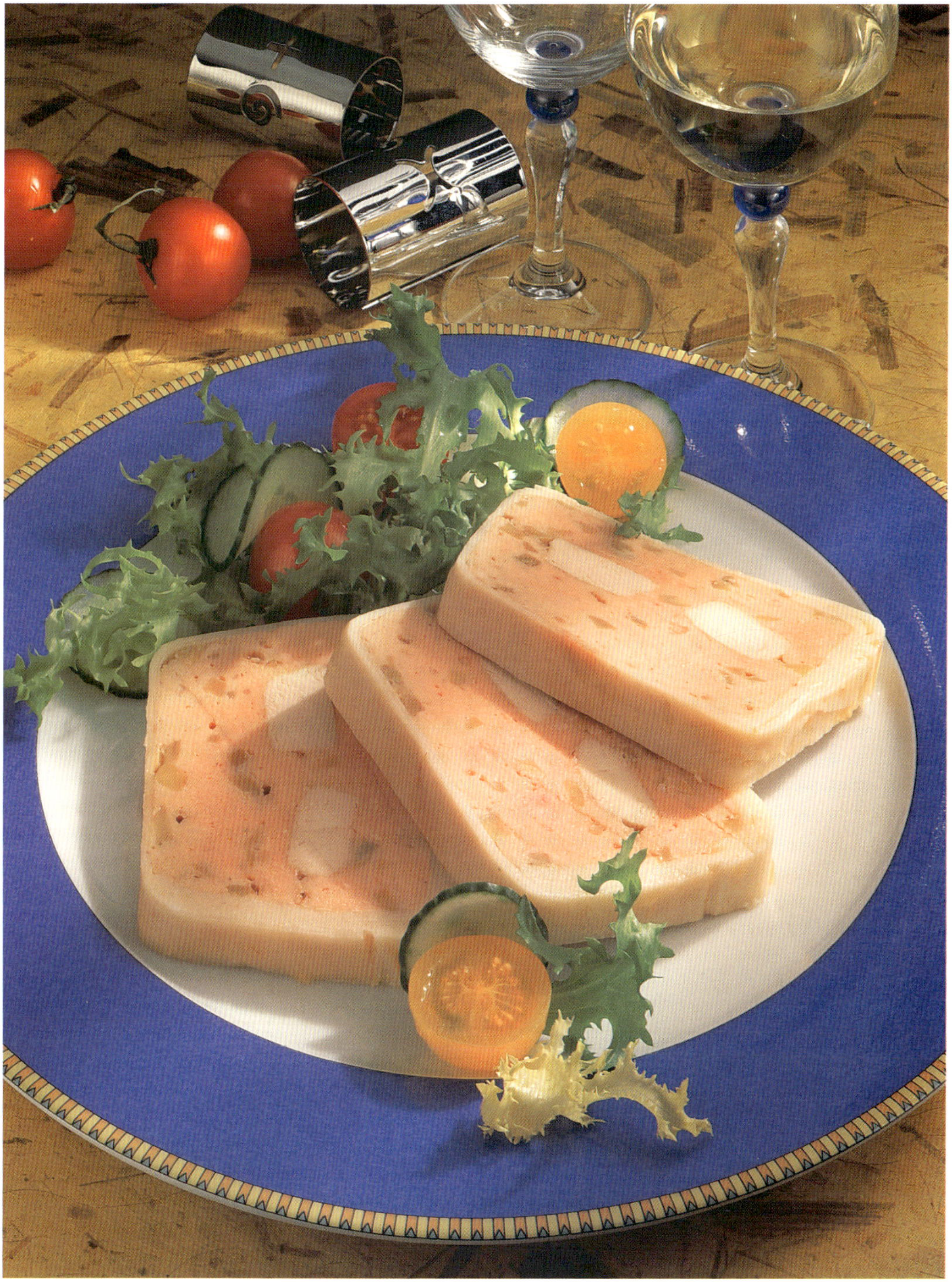

Hausmacher-terrine

Zutaten für eine Kastenform von
1 1/2 l Inhalt:
300 g Schweinefleisch (Schulter)
300 g Kalbsleber
250 g fetter grüner Speck
4 cl Korn oder Obstler
1 Eßl. Thymian, gerebelt
4 Lorbeerblätter
abgeriebene Schale von 1/2 unbe-
handelten Zitrone · Salz
1 kleine Möhre · 50 g Lauch
300 g mageres Rindfleisch
2 Zwiebeln · 4 Knoblauchzehen
1 Ei
weißer Pfeffer · Cayennepfeffer
1 Teel. Pimentpulver
Nelkenpulver
1–2 Teel. Zitronensaft
Für die Form:
400 g frischer grüner Speck in lan-
gen dünnen Scheiben
1 Rosmarinzweig

Läßt sich gut vorbereiten

Bei 15 Scheiben pro Scheibe
etwa: 2100 kJ/500 kcal
12 g Eiweiß · 27 g Fett
2 g Kohlenhydrate

- Zubereitungszeit: etwa
  2 1/4 Stunden (davon
  1 1/2 Stunden Garzeit)
- Kühlzeiten: 12 Stunden

1. Jeweils die Hälfte von
Fleisch, Leber und Speck in
winzige Stücke schneiden.
Fleisch in eine Schüssel geben und den Schnaps, Thymian, 2 Lorbeerblätter und Zitronenschale hinzufügen. Durch-
rühren und zugedeckt etwa
1 Stunde kalt stellen.

2. Etwas Salzwasser erhitzen. Die Möhre waschen,
schälen und in winzige Würfel schneiden. Den Lauch putzen, waschen und in dünne
Ringe schneiden. Beides im
kochenden Wasser etwa
30 Sekunden blanchieren,
dann eiskalt abschrecken und
gut abtropfen lassen.

3. Das übrige Fleisch und
das Rindfleisch in große Würfel schneiden und durch die
feine Scheibe des Fleischwolfs drehen. Die Zwiebeln
schälen, sehr fein würfeln
oder reiben und dazugeben.
Den Knoblauch schälen und
dazupressen. Das Ei, die
Möhre, den Lauch, alle Gewürze und den Zitronensaft
hinzufügen und gut vermengen. Kräftig abschmecken.
Die marinierten Fleischwürfel
ohne die Lorbeerblätter untermischen. Den Backofen auf
180° vorheizen.

4. Die Form mit den Speckscheiben auslegen. Die Farce
hineinfüllen und glattstreichen. Die Füllung mit dem
Speck bedecken. Die restlichen Lorbeerblätter und den
Rosmarinzweig darauf legen.

5. Die Fettpfanne im Backofen (Mitte) zu zwei Dritteln
mit heißem Wasser füllen. Die
Form mit Alufolie verschließen
und in die Fettpfanne setzen.
Die Terrine etwa 1 1/2 Stunden (Umluft 160°) garen. Dann
eventuell vorhandene Flüssigkeit abgießen und die Terrine
auskühlen lassen. Über Nacht
in den Kühlschrank stellen.

Beilagentip:
Zu fast allen Terrinen und
Pasteten passen fruchtige
Saucen sehr gut. Hier zwei
klassische Rezepte.

Cumberlandsauce

Für 15 Portionen die Schalen
von je 1/2 unbehandelten
Orange und Zitrone hauch-
dünn abschälen und in sehr
feine Streifen schneiden. In
wenig Wasser etwa
5 Minuten bei mittlerer Hitze
köcheln lassen, abgießen.
200 g Johannisbeergelee mit
1–2 Teelöffeln scharfem Senf,
2 Eßlöffeln trockenen Rotwein
und 1 Eßlöffel Rotweinessig
gut verrühren und mit Salz
und Pfeffer abschmecken, die
Schalen untermengen.
Diese berühmte Sauce paßt
zu allen Geflügel- und Fleisch-
pasteten und -terrinen, besonders gut zu Wild.

Pikante Orangensauce

Für 15 Portionen 400 g
Orangenmarmelade, 3 Eßlöffel trockenen Rotwein oder
Orangensaft, 2 Eßlöffel scharfen Senf, Salz und 1 Teelöffel
schwarzen Pfeffer gründlich
miteinander vermengen.
Diese Sauce paßt gut zu
Entenpastete und -terrine.

Auf dem Teller:
Hausmacherterrine und Cumber-
landsauce
Im Schüsselchen:
Pikante Orangensauce

Forellenterrine

Zutaten für eine Terrinenform von
1 1/2 l Inhalt:

350 g Forellenfilets ohne Haut

Salz

weißer Pfeffer, frisch gemahlen

100 g frische, möglichst große
Spinatblätter

2 Eiweiß

250 g Sahne

300 g Lachsforellenfilet

Für die Form: Bratfolie oder hitze-
beständige Klarsichtfolie

Gelingt leicht

Bei 10 Personen pro Portion
etwa: 620 kJ/150 kcal
14 g Eiweiß · 10 g Fett
1 g Kohlenhydrate

- Zubereitungszeit: etwa
  1 1/2 Stunden (davon
  50 Minuten Garzeit)
- Kühlzeit: 3–4 Stunden

1. Die Form möglichst falten-frei mit Folie auskleiden. Reich-lich Wasser zum Kochen brin-gen. Die Forellenfilets in 2 cm große Würfel schneiden. Mit Salz und Pfeffer würzen und kalt stellen. Den Spinat wa-schen und die Blätter etwa 1 Minute im kochenden Was-ser blanchieren, abgießen und ausbreiten.

2. Die Forellenwürfel mit den Eiweißen im Blitzhacker pürieren, die Sahne unter-rühren und mit Salz und Pfef-fer abschmecken. Den Back-ofen auf 150° vorheizen, etwa 2 l Wasser zum Kochen bringen. Das Lachsforellenfilet leicht salzen und mit den Spi-natblättern umwickeln.

3. Ein Drittel der Forellenfar-ce in die Terrinenform füllen, das umhüllte Lachsforellenfilet darauf legen, mit der restli-chen Farce bedecken und die Oberfläche glattstreichen. Die Form mehrere Male fest auf-stoßen, damit keine Hohlräu-me entstehen. Die Form mit Alufolie verschließen.

4. Die Form in eine große, ofenfeste Form setzen und das heiße Wasser zugießen. Im Backofen (Mitte, Umluft 140°) etwa 50 Minuten ga-ren. Herausnehmen und erkal-ten lassen, eventuell vorhan-dene Flüssigkeit abgießen. 3–4 Stunden kalt stellen. Vor dem Servieren die Form stür-zen und die Folie abziehen.

Fischterrine mit Kräutern

Zutaten für eine Kastenform von
1 1/2 l Inhalt:

800 g Hecht- oder Merlanfilet

1 Bund Petersilie

1 Bund Dill

1/2 Bund Kerbel

abgeriebene Schale von 1/2 unbehandelten Zitrone

5 Eiweiß

Salz

weißer Pfeffer, frisch gemahlen

400 g Sahne

700 g weißes Fischfilet (z. B. Seezunge, Merlan oder Scholle)

Für die Form: Alufolie und weiche
Butter

Raffiniert

Bei 12 Scheiben pro Scheibe
etwa: 870 kJ/210 kcal
25 g Eiweiß · 12 g Fett
1 g Kohlenhydrate

- Zubereitungszeit: etwa
  1 3/4 Stunden (davon
  1 1/4 Stunden Garzeit)
- Kühlzeiten: 4–5 Stunden

1. Das Hecht- oder Merlanfilet sorgfältig von allen Gräten
befreien und portionsweise im
Blitzhacker sehr fein pürieren.
In eine vorgekühlte Schüssel
geben, in den Kühlschrank
stellen.

2. Die Kräuter waschen und
fein hacken. Kräuter, Ei-
weiße, Gewürze und Sahne
gründlich unter die Fischmas-
se rühren. Kräftig abschmek-
ken! Den Backofen auf 150°
vorheizen. Die Form mit Alufolie auskleiden und mit Butter
ausstreichen.

3. Die restlichen Fischfilets
zwischen 2 Lagen Küchenpapier leicht trockendrücken,
dann salzen und pfeffern. Die
Hälfte der Filets in die Form
legen, die Farce darüber verteilen und die restlichen Fischfilets darauf legen. Die Form
fest mit Alufolie verschließen
und in eine ofenfeste Form
stellen.

4. Heißes Wasser angießen,
so daß die Form zu zwei Dritteln darin steht und die Terrine im Backofen (Mitte, Umluft
140°) etwa 1 1/4 Stunden
garen. Die Flüssigkeit, die
sich während des Garens
gebildet hat, abgießen, die
Terrine zugedeckt abkühlen
lassen. Vor dem Servieren
2–3 Stunden kalt stellen.

Kaninchen-terrine mit Mirabellen

Zutaten für eine Kastenform von

1 1/2 l Inhalt:

1 Kaninchen (küchenfertig, etwa
2 1/2 kg)

400 g Kalbsknochen

300 g Schweineschulter

300 g fetter grüner Speck am Stück

Salz

1 Teel. weißer Pfeffer, frisch
gemahlen

1 Teel. Pimentpulver

3 cl Mirabellenschnaps

2 Möhren · 1 Zwiebel

2 Eßl. Öl

2 Zweige Thymian

3 Lorbeerblätter

300 g Kaninchenleber (ersatzweise
Kalbsleber)

2 Eßl. Butter

200 g Mirabellen (naturell, aus
dem Glas)

2 Eier

1 Eßl. rosa Pfefferkörner

1 Zweig Rosmarin

Für die Form: 300 g fetter grüner
Speck in langen, dünnen Scheiben

Läßt sich gut vorbereiten

Bei 12 Scheiben pro Scheibe
etwa: 3300 kJ/790 kcal
37 g Eiweiß · 43 g Fett
5 g Kohlenhydrate

- Zubereitungszeit: etwa
  2 3/4 Stunden (davon
  1 + 1 1/4 Stunden Garzeit)
- Kühlzeit: 12 Stunden

1. Das Kaninchen entbeinen
(eventuell vom Metzger
machen lassen), die Rücken-
filets und die kleinen »echten«
Filets beiseite stellen, Keulen-
und restliches Fleisch in kleine
Stücke schneiden, in eine
Schüssel legen und kalt stellen. Die Kaninchen- und die
Kalbsknochen waschen und
abtrocknen.

2. Die Schweineschulter und
den Speck klein würfeln, zum
Kaninchenfleisch geben, mit
Salz, Pfeffer, Piment und Mirabellenschnaps würzen und
zugedeckt kalt stellen. Den
Speck ebenfalls kalt stellen.

3. Die Möhren putzen und
grob schneiden, die Zwiebel
schälen und vierteln. Das Öl
in einem großen Topf erhitzen. Knochen mit Möhren
und Zwiebel rundum braun
anbraten, mit 1 l kaltem Wasser ablöschen, 1 Thymian-
zweig und 1 Lorbeerblatt hinzufügen und alles offen etwa
1 Stunde köcheln lassen. Die
Brühe durch ein Sieb gießen
und anschließend auf etwa
200 ml einkochen lassen.

4. Den Backofen auf 150°
vorheizen. Die Butter erhitzen. Die Kaninchenfilets und
-leber darin von beiden Seiten kurz braun braten, salzen
und beiseite stellen.

5. Die Mirabellen abtropfen
lassen. Die Fleischwürfel
zweimal durch den Fleischwolf drehen, den Speck einmal. Alles in eine vorgekühlte
Schüssel geben und nochmals
kräftig würzen. Die Eier, die
Pfefferkörner und die Mirabellen untermischen.

6. Die Form mit den Speckscheiben auskleiden und die
Hälfte der Farce einfüllen. Die
Filets und Lebern darauf
legen und mit der restlichen
Farce bedecken. Glattstreichen und den Speck darüber
zusammenklappen. Die 2 Lorbeerblätter, den restlichen
Thymian und den Rosmarin
darauf legen. Die Fettpfanne
im Backofen (Mitte) zu zwei
Dritteln mit heißem Wasser
füllen, die Terrine darin etwa
1 1/4 Stunden (Umluft 140°)
garen. Gut auskühlen lassen
und vor dem Servieren kalt
stellen.

Tip!

Eventuell mit einem Mira-
bellengelee servieren:
Dafür 300 ml Hühnerbrühe
mit 3 cl Mirabellenschnaps
erhitzen, 4 Blatt einge-
weichte Gelatine darin auflösen. Die Flüssigkeit in
eine rechteckige Form
gießen und erstarren las-
sen. Vor dem Servieren in
kleine Würfel schneiden.

Besonders attraktiv sieht die Ka-
ninchenterrine mit Mirabellen aus,
wenn Sie sie mit einem kleingewür-
felten Gelee anrichten. Das Rezept
dazu finden Sie im Tip auf dieser
Seite.

Geflügelleber-terrine

Zutaten für eine Kastenform von 1 l
Inhalt:
350 g Geflügelleber (von Hähn-
chen oder Pute)
150 g Kalbsleber
150 g Schweinebauch ohne
Schwarte
150 g fetter grüner Speck am Stück
2 Schalotten · 1 Lorbeerblatt
2 Salbeiblätter
1/2 Teel. abgeriebene Schale einer
unbehandelten Zitrone
Salz · weißer Pfeffer
1/2 Teel. Muskatnuß, frisch gerieben
1 Messerspitze Nelkenpulver
25 ml Weinbrand
75 ml weißer Portwein
2 Eßl. Olivenöl · 25 g Pistazienkerne
3 Eßl. Sahne · 1 Ei
Für die Form: Butter und Alufolie

Raffiniert

Bei 10 Scheiben pro Scheibe
etwa: 1300 kJ/310 kcal
14 g Eiweiß · 18 g Fett
2 g Kohlenhydrate

- Marinierzeit: 2–3 Stunden
- Zubereitungszeit: etwa
  2 Stunden (davon
  1 1/4 Stunden Garzeit)
- Ruhezeiten: 11 Stunden

1. Die Lebern putzen, von
Sehnen befreien, in eine
Schüssel legen. Schweine-
bauch und Speck in kleine
Stücke schneiden und dazugeben. Schalotten schälen
und fein würfeln. Schalotten,
Lorbeer, Salbei, Zitronenschale, Salz, Pfeffer, Muskat, Nelken, Weinbrand und Port-
wein zum Fleisch geben,
umrühren und zugedeckt etwa 3 Stunden im Kühlschrank
durchziehen lassen.

2. Das Öl erhitzen und die
Hälfte der Geflügellebern von
beiden Seiten braun braten.
Sie sollen innen noch etwas
rosa sein. Auf Küchenpapier
legen, salzen und pfeffern.
Den Backofen auf 150° vorheizen.

3. Lorbeer und Salbei aus
der Marinade entfernen und
das restliche Fleisch sowie
die übrigen Lebern herausnehmen. Zweimal durch die
feine Scheibe des Fleischwolfs drehen. Die Pistazien
grob hacken. Die Fleischmas-
se mit den Pistazien, der
Sahne, dem Ei und der Marinade gründlich vermengen.

4. Die Form fetten und die
Hälfte der Farce einfüllen. Die
gebratenen Geflügellebern
hineinlegen und die restliche
Farce darüber verteilen. Die
Form mit Alufolie verschließen.
Die Fettpfanne im Backofen
(Mitte) zu zwei Dritteln mit
heißem Wasser füllen und die
Terrine darin etwa 1 1/4 Stunden (Umluft 140°) garen. Danach eventuell vorhandene
Flüssigkeit abgießen, die Form
wieder verschließen und mit
einem schweren Gegenstand
beschweren. Abgekühlt für
6 Stunden in den Kühlschrank
stellen.

5. Die Form vor dem Servieren kurz unter heißes Wasser
halten, stürzen und anrichten.

Essigpflaumen

Sie passen zu jeder Art von
gebratenem Fleisch, Pasteten
und kalten Platten.

Zutaten für 12–15 Portionen:
1 kg reife Pflaumen
1/2 l Rotweinessig
150 g Zucker · 6 Gewürznelken
1/2 Zimtstange

Gelingt leicht

Bei 15 Personen pro Portion
etwa: 270 kJ/65 kcal
0 g Eiweiß · 0 g Fett
16 g Kohlenhydrate

- Zubereitungszeit: etwa
  1 Stunde

1. Die Pflaumen waschen,
längs aufschneiden und entkernen.

2. Essig mit Zucker aufkochen
lassen, mit Nelken und Zimt
bei mittlerer Hitze offen etwa
5 Minuten köcheln lassen.

3. Die Früchte hineingeben
und wieder aufkochen lassen.
Die Früchte mit einer Schaum-
kelle herausheben und in sau-
bere Gläser füllen. Den Sud
um etwa ein Drittel einkochen, dann abkühlen lassen.

4. Den Sud über die Früchte
gießen und die Gläser verschließen. Sie halten sich im
Kühlschrank 3–4 Wochen.

Ein köstliches kulinarisches
Gespann: Geflügelleberterrine und
Essigpflaumen.

Krabben-Mousse-Terrine

Zutaten für eine Rehrückenform von
1 1/4 l Inhalt:
12 Blatt Gelatine
700 g gegarte, geschälte Garnelen
1/2 l Fischfond (Glas)
Salz · weißer Pfeffer
150 g Sahne
1–2 Eßl. Zitronensaft · 1/2 Tomate
16 Petersilienblättchen

Exklusiv • Etwas teurer

Bei 16 Scheiben pro Scheibe
etwa: 300 kJ/70 kcal
10 g Eiweiß · 4 g Fett
1 g Kohlenhydrate

- Zubereitungszeit: etwa
  1 Stunde
- Kühlzeiten: 4–5 Stunden

1. 2 und 10 Blatt Gelatine
getrennt in kaltem Wasser
einweichen. Die Krabben bis
auf 16 Stück mit 300 ml
Fischfond sehr fein pürieren,
eventuell würzen.

2. 100 ml Fischfond erhitzen
und die 2 Blatt Gelatine darin
auflösen. Zur Hälfte in die
Form gießen und im Kühl-
schrank fast fest werden lassen. Restlichen Fischfond erhitzen und die 10 Blatt Gelatine darin auflösen. Mit der
Krabbenmasse vermischen.
Die Sahne unterrühren und
mit Salz, Pfeffer und Zitronensaft abschmecken.

3. Die Tomate in 16 winzige
Schnitze schneiden, dabei
entkernen. Die beiseite ge-

stellten Krabben, Tomaten-
schnitze und Petersilienblättchen dicht nebeneinander in
die Form in den Geleespiegel
legen. Das restliche Gelee
vorsichtig darüber gießen, in
den Kühlschrank stellen.

4. Wenn die Gelatine ganz
fest ist, die Krabbenmasse
darübergeben. Mit Klarsichtfolie verschließen. In 3–4
Stunden im Kühlschrank fest
werden lassen.

Krabbenaspik

Zutaten für eine runde Form von
1 1/2 l Inhalt:
5 Blatt Gelatine
300 ml Fischfond (Glas)
4 kleine Gurken (etwa 12 cm)
2 Schalotten · 1 1/2 Eßl. Zitronensaft
Salz · weißer Pfeffer
300 g gegarte, geschälte Garnelen
4 Garnelen mit Kopf und Schale
Zum Garnieren: Gurkenscheiben
und Dillzweige

Exklusiv

Bei 6 Personen pro Portion
etwa: 310 kJ/75 kcal
15 g Eiweiß · 1 g Fett
1 g Kohlenhydrate

- Zubereitungszeit: etwa
  1 Stunde
- Kühlzeit: 3–4 Stunden

1. Die Gelatine in kaltem
Wasser einweichen. Den
Fischfond mit 700 ml Wasser
aufkochen. Die Gelatine in
der nicht mehr kochenden
Flüssigkeit auflösen.

2. 3 Gurken schälen, längs
halbieren und ohne die Kerne
winzig würfeln. Schalotten
schälen und raspeln. Beides
mit Fischfond und Zitronensaft
vermischen und kräftig salzen
und pfeffern.

3. Die 4. Gurke waschen und
streifig schälen. In etwa 2 mm
dicke Scheiben schneiden.
Die Form etwa 1 cm hoch mit
Gelee ausgießen, im Kühl-
schrank fast fest werden lassen. In die Mitte 1 Dillzweig
und 1 Gurkenscheibe legen.
Den Boden der Form kreisför-
mig mit Garnelen auslegen.
Mit Gelee bedecken. Die restlichen Gurken am Rand der
Form verteilen. Gelee darüber
gießen. Restliche Garnelen in
die Form schichten und mit
Gelee bedecken. Mit Klar-
sichtfolie abdecken und in
3–4 Stunden im Kühlschrank
fest werden lassen.

4. Die ganzen Garnelen in
kochendem Salzwasser bei
schwacher Hitze etwa 5 Minuten ziehen lassen. Abtropfen und abkühlen lassen.

5. Die Form kurz unter heißes
Wasser halten und auf eine
runde Platte stürzen. Die Garnelen darum legen und alles
mit Gurkenscheiben und Dill-
zweigen garnieren.

Bild oben: Krabben-Mousse-Terrine
Bild unten: Krabbenaspik

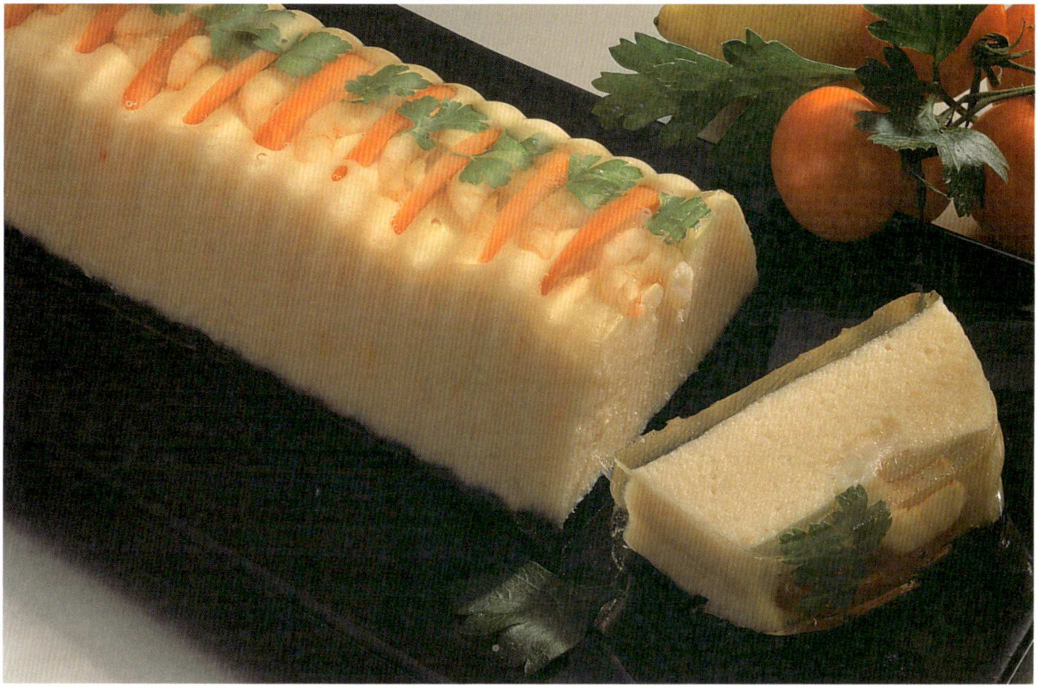

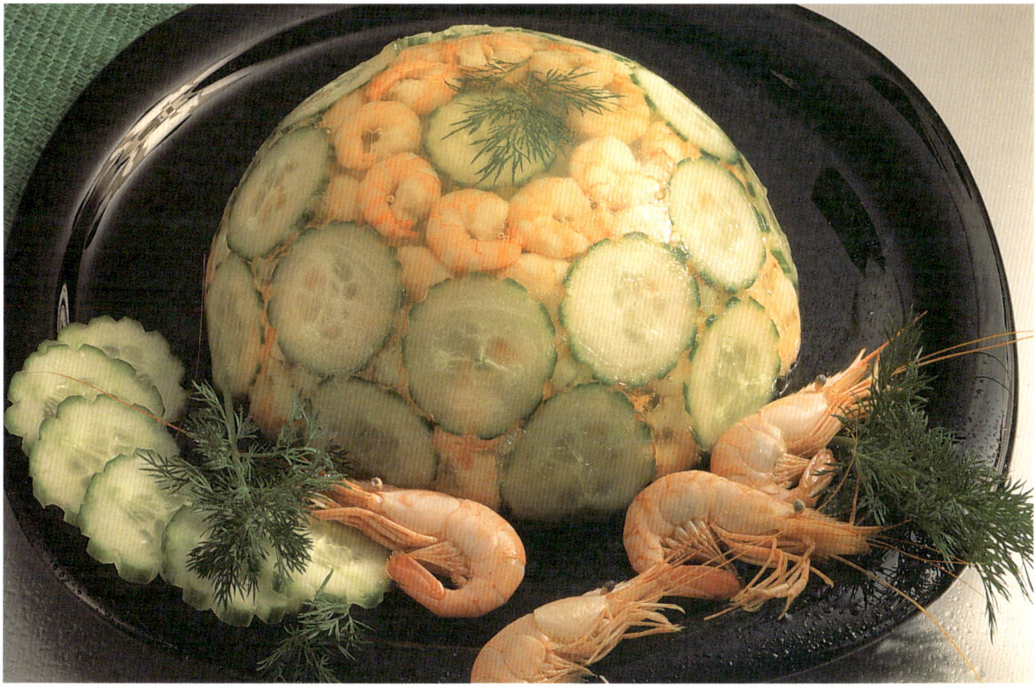

Champignon-sülzchen

Zutaten für 6 Förmchen à 150 ml:

1 Möhre (etwa 100 g)

Salz · 1 Prise Zucker

100 g feine Erbsen (aus der Dose oder tiefgekühlt und aufgetaut)

500 g kleine Champignons

6 Eßl. Olivenöl · weißer Pfeffer

12 Blatt Gelatine

750 ml Pilzfond (Glas)

4 Eßl. Aceto Balsamico (Balsamessig)

Vegetarisch

Pro Stück etwa:
625 kJ/150 kcal
10 g Eiweiß · 8 g Fett
8 g Kohlenhydrate

- Zubereitungszeit: etwa 50 Minuten
- Kühlzeit: 3–4 Stunden

1. Die Möhre putzen und winzig würfeln. In Salzwasser mit Zucker etwa 1 Minute kochen lassen, abgießen. Die Erbsen abgießen.

2. Die Champignons putzen, abbrausen und in schmale Scheiben schneiden. In zwei Portionen in sehr heißem Öl kurz anbraten, abtropfen lassen, salzen und pfeffern.

3. Die Gelatine in kaltem Wasser einweichen. Die Formen möglichst faltenfrei mit Klarsichtfolie auskleiden.

4. Pilzfond erhitzen, mit Balsamessig vermischen und die Gelatine darin auflösen.

5. Die Formen etwa 1 cm hoch mit Pilzfond ausgießen, in den Kühlschrank stellen. Sobald die Gelatine fest geworden ist, die Hälfte der Champignons, Möhre und Erbsen darauf verteilen. Mit flüssiger Gelatine bedecken und wieder fest werden lassen. Die restlichen Champignons und Gemüse darauf verteilen und mit der übrigen Gelatine auffüllen. Mit Klarsichtfolie zugedeckt 3–4 Stunden kalt stellen.

Fischsülze

Zutaten für eine Kastenform von 2 l Inhalt:

1 l Fischbrühe (frisch oder aus dem Glas) · Salz

50 g Möhren · 14 Blatt Gelatine

700 g weißes Fischfilet (wie Steinbutt, Seeteufel oder Seezunge)

100 g gegarte, geschälte Garnelen

3 hartgekochte Eier

2–3 Eßl. deutscher Kaviar

6–8 Dillspitzen

Zum Garnieren: Zitronenschnitze, Tomatenachtel und Dill- oder Petersilienblättchen

Für Gäste

Bei 10 Scheiben pro Scheibe etwa: 440 kJ/100 kcal
18 g Eiweiß · 3 g Fett
0 g Kohlenhydrate

- Zubereitungszeit: etwa 1 Stunde
- Kühlzeit: 6 Stunden

1. Fischbrühe erhitzen und kräftig salzen. Die Möhre schälen und in dünne Schei-ben schneiden, in der Brühe garen. Die Gelatine in kaltem Wasser einweichen. Fisch in etwa 5 cm lange Stücke schneiden und portionsweise in der heißen Brühe kurz gar ziehen lassen. Fisch und Möhre herausnehmen und auf Küchenpapier abtropfen lassen. Die Gelatine in der heißen Brühe auflösen. Die Eier in nicht zu dünne Scheiben schneiden.

2. In die Form knapp 1/2 cm hoch Brühe gießen und in den Kühlschrank stellen. Nach etwa 5 Minuten herausholen und vorsichtig 6 kleine Kaviarkleckse nebeneinander setzen. Je 1 Dillzweig daneben und je 1 Eischeibe darauf legen. Dazwischen Möhren geben. Vorsichtig mit Brühe bedecken und wieder in den Kühlschrank stellen.

3. Wenn die Gelatine wieder fast fest geworden ist, eine neue Lage Brühe eingießen und 8–10 Krabben und 2–3 Fischstücke einschichten. Wieder mit Brühe bedecken und fast fest werden lassen. So fortfahren, bis alle Zutaten aufgebraucht sind. Alles gut mit der Gelatine bedecken. Die Form verschließen und 6 Stunden kalt stellen.

Im Bild vorne: Champignonsülzchen mit einer Sauce aus Joghurt, Sahne und Schnittlauch
Im Bild hinten: Fischsülze

Hausmacher-sülze

Als Fleischeinlage eignen sich auch Bratenreste oder Reste von gekochtem Fleisch.

Zutaten für eine Kastenform von
1 1/2 l Inhalt:
2 kg Schweinefüßchen
2 kg Kalbsfüße · 4 Zwiebeln
1 Eßl. weiße Pfefferkörner
1 Eßl. Senfkörner
4 Lorbeerblätter · Salz
500 g Schweinefleisch (Nacken
oder Schulter)
500 g Kalbfleisch (Schulter)
500 g Kassler ohne Knochen
2 Möhren (etwa 200 g)
200 g Knollensellerie
eventuell 3–4 Blatt Gelatine
1 Prise Zucker
1/8 l Weißweinessig
Worcestershiresauce
2–3 Gewürzgurken oder Cor-
nichons

Braucht etwas Zeit

Bei 12 Scheiben pro Scheibe etwa: 2100 kJ/500 kcal
52 g Eiweiß · 32 g Fett
3 g Kohlenhydrate

- Zubereitungszeit: 5 1/2–6 1/2 Stunden (davon 4–5 Stunden Garzeit)
- Gelierzeit: 2 x 12 Stunden

1. Die Schweine- und Kalbs-füße waschen, in einen großen Topf geben und mit 5–6 l Wasser bedecken. Ganze, ungeschälte Zwiebeln, Pfeffer- und Senfkörner und Lorbeerblätter hinzufügen. Zum Kochen bringen,

abschäumen und offen 3–4 Stunden köcheln lassen, dann salzen.

2. Alle Fleischsorten in etwa 4 cm große Stücke schneiden, in die Brühe geben und 1 weitere Stunde köcheln lassen. 30 Minuten vor Garzeitende Möhren schälen, Sellerie putzen und beides im Ganzen zur Brühe geben.

3. Fleisch und Gemüse aus der Brühe nehmen, Schweine- und Kalbsfüße wegwerfen. Die Brühe durch ein Sieb gießen, dann auf etwa 1 l einkochen lassen. Abkühlen lassen und über Nacht kalt stellen.

4. Am nächsten Tag das erstarrte Fett abheben. Falls die Brühe nicht vollständig geliert ist, die Gelatine in kaltem Wasser einweichen. Die Brühe erhitzen und, falls nötig, die Gelatine darin auflösen. Kräftig mit Salz, Zucker, Essig und Worcestershiresauce abschmecken.

5. Fleisch, Möhren, Sellerie und Gewürzgurken würfeln und in die Form füllen. Die Brühe darüber gießen und über Nacht kalt stellen.

6. Vor dem Servieren die Form kurz unter heißes Wasser halten und auf eine Platte stürzen. Mit Bauernbrot und Sauce Tartar oder Remouladensauce servieren. Sehr gut schmecken auch gehackte Zwiebeln mit Essig und Öl oder Bratkartoffeln dazu.

Sauce Tartar

Eine leichte Remoulade, die zu jedem kalten Fleisch paßt.

Zutaten für etwa 14 Portionen:
4 hartgekochte Eier
2 Zwiebeln
4 Eßl. Kapern
6 Cornichons (kleine saure
Gürkchen)
1/2 Bund Petersilie
1/2 Bund Schnittlauch
2 Teel. scharfer Senf
2 Eßl. Weißweinessig
1/2 Teel. Zucker
Salz
weißer Pfeffer, frisch gemahlen
300 g Joghurt
200 g saure Sahne
eventuell etwas Milch

Gelingt leicht

Pro Portion etwa:
190 kJ/45 kcal
3 g Eiweiß · 3 g Fett
1 g Kohlenhydrate

- Zubereitungszeit: etwa 30 Minuten

1. Die Eier fein hacken. Die Zwiebeln schälen und fein würfeln, Kapern und Gürkchen ebenfalls fein würfeln. Die Kräuter waschen und fein hacken.

2. Alle Zutaten miteinander vermengen und eventuell mit etwas Milch verdünnen.

Im Bild vorne: Hausmachersülze
Im Bild hinten: Sauce Tartar

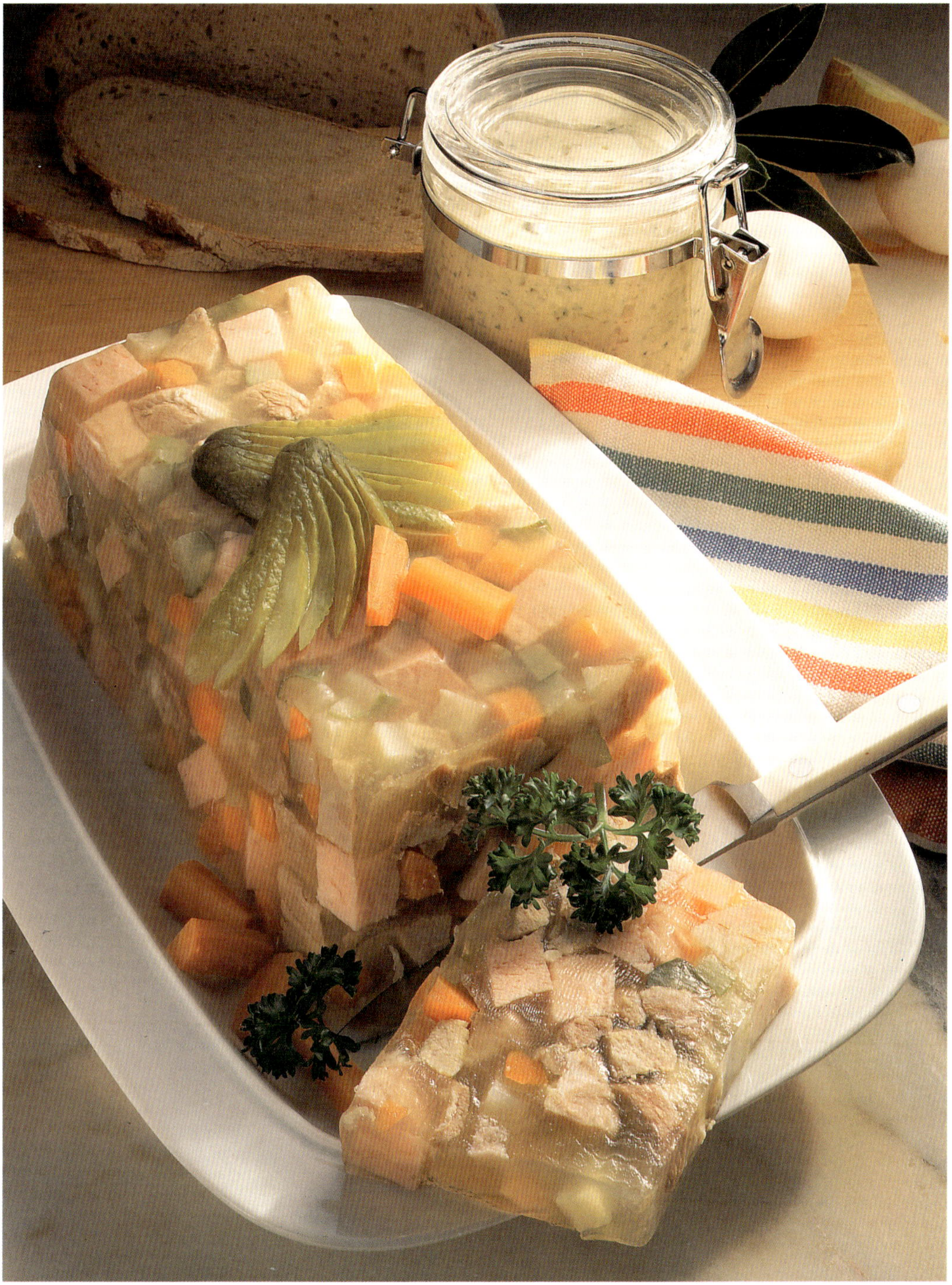

Mousse au chocolat

Zutaten für 6–8 Personen:

200 g feinste Bitterschokolade

300 g Sahne · 5 Eier

4 Eßl. Zucker

1 Päckchen Vanillezucker

2 cl Cognac oder Orangenlikör

nach Belieben

2 Teel. Pulverkaffee

Zum Garnieren: Schokoladenraspel

Berühmtes Rezept

Bei 8 Personen pro Portion
etwa: 1300 kJ/310 kcal
6 g Eiweiß · 23 g Fett
20 g Kohlenhydrate

- Zubereitungszeit: etwa
  30 Minuten
- Kühlzeit: 3–4 Stunden

1. Die Schokolade in Stücke
brechen und mit 5 Eßlöffeln
Sahne im warmen Wasser-
bad langsam schmelzen. Dabei immer wieder rühren und
aufpassen, daß die Hitze
nicht zu stark wird.

2. Die Eier trennen. Die Eigelbe mit Zucker und Vanillezucker zu einer dicken, hellen
Creme aufschlagen. Eiweiße
und restliche Sahne getrennt
steif schlagen.

3. Die Schokoladenmasse
etwas abkühlen lassen und
mit dem Cognac oder Likör
nach Belieben und dem Pulverkaffee vermischen. Zuerst
mit der Eigelbcreme vermengen, dann die Sahne und
zuletzt das Eiweiß unterzie-

hen. Die Mousse in Portions-
schälchen oder eine Schüssel
füllen und für 3–4 Stunden in
den Kühlschrank stellen.

4. Vor dem Servieren mit
Schokoladenraspeln verzieren.

Variante:

Für eine leichte Creme 200 g
Schokolade in 5 Eßlöffeln
Kaffee auflösen. 250 g Sahne
unterziehen.

Erdbeer-mousse

Zutaten für 4 Personen:

600 g Erdbeeren

6–7 Eßl. Zucker

10 Blatt Gelatine

3 Eßl. Orangenlikör oder Erdbeer-
sirup

1 Eßl. Zitronensaft · 400 g Sahne

Gelingt leicht

Pro Portion etwa:
1900 kJ/450 kcal
8 g Eiweiß · 32 g Fett
30 g Kohlenhydrate

- Zubereitungszeit: etwa
  30 Minuten
- Kühlzeit: 3–4 Stunden

1. Die Erdbeeren waschen
und entkelchen. 500 g halbieren (den Rest beiseite stellen) und pürieren. Den Zucker
unterrühren.

2. Die Gelatine in kaltem
Wasser einweichen. Den
Orangenlikör oder Sirup und

den Zitronensaft erhitzen
(nicht kochen lassen) und die
Gelatine darin auflösen. Mit
dem Erdbeerpüree verrühren.

3. Die Sahne steif schlagen
und unterheben. In eine Napf-
kuchen- oder Gugelhupfform
füllen und 3–4 Stunden kalt
stellen.

4. Vor dem Servieren die
Form kurz in heißes Wasser
halten, dann auf eine Platte
stürzen. Mit den restlichen
Erdbeeren und Schlagsahne
nach Belieben verzieren.

Tip!

Mit 10 Blatt Gelatine wird
die Mousse so fest wie auf
der Abbildung. Wollen Sie
weniger Gelatine verwen-
den (7 Blatt), ist die Mousse zu weich zum Stürzen.
Dann nehmen Sie mit ei-
nem Eßlöffel Portionen ab
und richten sie hübsch an.

Varianten:

Statt Erdbeeren können Sie
auch Him- oder Brombeeren
verwenden.
Parfümieren Sie die Mousse
mit Erdbeer-, Himbeer- oder
Brombeerlikör. Oder mit Himbeergeist.
Und ganz ohne Alkohol
schmeckt sie natürlich auch
vorzüglich – nicht nur Kindern!

Im Bild links: Mousse au chocolat
Im Bild rechts: Erdbeermousse

Geeiste Quarkterrine

Zutaten für eine Kastenform von

1 1/2 l Inhalt:

500 g Himbeeren

2 Eßl. Himbeergeist oder -sirup

100 g Zucker · 3 Eigelb

500 g Magerquark

1 Teel. Vanillezucker

400 g Sahne

2–3 Eßl. Puderzucker

Für Gäste

Bei 10 Scheiben pro Scheibe
etwa: 1000 kJ/240 kcal
3 g Eiweiß · 15 g Fett
15 g Kohlenhydrate

- Zubereitungszeit: etwa
  25 Minuten
- Ruhezeiten: 6–8 Stunden

1. Die Himbeeren kurz
abbrausen und abtropfen lassen. 250 g abwiegen und mit
2 Eßlöffeln Zucker und dem
Himbeergeist oder Sirup etwa
1 Stunde ziehen lassen.

2. Die Eigelbe mit dem restlichen Zucker zu einer hellen,
cremigen Masse aufschlagen.
Den Quark und den Vanillezucker unterrühren. Sahne
steif schlagen und unterrühren. Die marinierten Himbeeren vorsichtig mit der Quark-
masse vermengen. Die Masse
in die Form füllen und in 4–6
Stunden gefrieren lassen.

3. Die restlichen Himbeeren
mit dem Puderzucker pürieren. Die Quarkterrine 1 Stunde vor dem Servieren aus

dem Gefrierfach nehmen und
in den Kühlschrank stellen.
Zum Servieren in Scheiben
schneiden und die Sauce
dazu reichen.

Rumparfait

Zutaten für 6 Personen:

6 sehr frische Eigelb

100 g Puderzucker

75 ml brauner Jamaica-Rum

200 g Sahne

Gelingt leicht

Pro Portion etwa:
1200 kJ/290 kcal
4 g Eiweiß · 17 g Fett
18 g Kohlenhydrate

- Zubereitungszeit: etwa
  15 Minuten
- Gefrierzeit: 3–4 Stunden

1. Eigelbe und Puderzucker
zu einer dicken, weißlichen
Creme aufschlagen. Den Rum
unterrühren. Die Sahne steif
schlagen und unterrühren.

2. Die Masse in gefrierfeste
Formen füllen und 3–4 Stunden gefrieren lassen.

Tip!

Rumparfait schmeckt sehr
gut mit heißen Kirschen
oder Himbeeren. Außer-
dem kann man nach Belie-
ben Krokant- oder Schoko-
ladestückchen unter die
Masse rühren.

Sherryparfait

Zutaten für 4–6 Personen:

6 Blatt Gelatine

1/4 l Cream Sherry (süß)

4 Eier · 90 g Zucker

1 Eßl. Zitronensaft · 250 g Sahne

Festlich

Bei 6 Personen pro Portion
etwa: 1300 kJ/310 kcal
7 g Eiweiß · 17 g Fett
23 g Kohlenhydrate

- Zubereitungszeit: etwa
  25 Minuten
- Kühlzeiten: 3 Stunden

1. Die Gelatine in kaltem
Wasser auflösen. Den Sherry
erhitzen und die Gelatine darin auflösen. Die Eier trennen.

2. Die Eigelbe mit 60 g
Zucker sehr schaumig rühren.
Die Eiweiße mit dem restlichen Zucker steif schlagen,
den Zitronensaft unterrühren.
Eimasse mit der Sherry-Mi-
schung verrühren und etwa
1 Stunde kalt stellen.

3. Wenn die Mischung zu
gelieren beginnt, die Sahne
steif schlagen und unterheben. In Portionsschalen füllen
und für 2 Stunden in den
Kühlschrank stellen. Vor dem
Servieren nach Belieben mit
Walnußhälften und Schlag-
sahne verzieren.

Im Bild vorne:
Geeiste Quarkterrine
Im Bild hinten links: Sherryparfait
Im Bild hinten rechts: Rumparfait

Beerensülze mit Joghurt-Likör-Sauce

Zutaten für eine Kastenform von 1 l Inhalt:

Für die Sülze:

100 g Zucker

400 ml trockener Weißwein

7 Blatt Gelatine

je 150–200 g Erdbeeren, Him-, rote Johannis- und Heidelbeeren

Für die Sauce:

250 g Sahnejoghurt

3 Eßl. Puderzucker

abgeriebene Schale von 1/2 unbehandelten Zitrone

2–3 Eßl. Orangenlikör oder Maraschino

Erfrischend

Bei 8 Personen pro Portion
etwa: 710 kJ/170 kcal
3 g Eiweiß · 4 g Fett
23 g Kohlenhydrate

- Zubereitungszeit: etwa 45 Minuten
- Kühlzeit: 3–4 Stunden

1. Für die Sülze den Zucker mit 100 ml Wasser verrühren und etwa 4 Minuten offen sprudelnd kochen lassen. Die Gelatine kalt einweichen. Das Zuckerwasser abgekühlt mit dem Weißwein vermischen. Wieder erhitzen. Die Gelatine darin auflösen.

2. Die Früchte, wenn nötig, putzen, Erdbeeren halbieren. Die Form knapp 1/2 cm hoch mit Gelee ausgießen und kalt stellen. Wenn das Gelee fast fest ist (nach 5–10 Minuten), eine Lage Erdbeeren einfüllen. Etwas Weinmischung darüber gießen und fast fest werden lassen. So fortfahren, bis alle Früchte und die Weinmischung aufgebraucht sind.

3. Die Form mit Klarsichtfolie verschließen und für 3–4 Stunden kalt stellen.

4. Für die Sauce den Joghurt mit Zucker und Zitronenschale glattrühren, mit dem Likör abschmecken. Kalt stellen.

Apfelterrine

Zutaten für eine Terrinenform von 1 1/2 l Inhalt:

600 ml Milch

Mark von 1/2 Vanilleschote

1 Prise Salz · 6 Blatt Gelatine

5 Eigelb · 130 g Zucker

2 säuerliche Äpfel

1/8 l trockener Weißwein oder naturtrüber Apfelsaft

1 Eßl. Rum nach Belieben

1 Eßl. Zitronensaft

250 g Sahne

Preiswert

Bei 10 Scheiben pro Scheibe
etwa: 980 kJ/230 kcal
5 g Eiweiß · 13 g Fett
21 g Kohlenhydrate

- Zubereitungszeit: etwa 30 Minuten
- Kühlzeit: 3–4 Stunden

1. Die Milch mit dem Vanillemark und 1 Prise Salz zum Kochen bringen.

2. Die Gelatine in kaltem Wasser einweichen. Ein heißes Wasserbad vorbereiten. Die Eigelbe mit 120 g Zucker cremig schlagen. Die heiße Milch langsam in die Creme gießen. Im Wasserbad rühren, bis die Masse dickflüssig ist. Die Gelatine darin auflösen. Vom Herd nehmen und noch etwa 5 Minuten weiterrühren.

3. Die Äpfel schälen, entkernen und in winzige Würfel schneiden. Weißwein oder Saft, Rum nach Belieben, Zitronensaft und 1 Eßlöffel Zucker in einen Topf geben, die Äpfel hinzufügen und unter Rühren bei mittlerer Hitze weich dünsten. Abkühlen lassen und in die Creme rühren.

4. Die Sahne steif schlagen und unterziehen. Die Form kalt ausspülen und die Apfelcreme einfüllen. Glattstreichen und 3–4 Stunden kalt stellen. Dazu paßt eine Fruchtsauce aus frischen, mit Puderzucker pürierten Himbeeren oder Brombeeren.

Im Bild vorne: Beerensülze
Im Bild Mitte: Joghurt-Likör-Sauce
Im Bild hinten: Apfelterrine

Schokoladen-Keks-Terrine

Zutaten für eine Kastenform von

1 1/2 l Inhalt:

350 g Schokolade (edelbitter)

250 g weiche Butter

200 g Zucker

4 Eigelb

4 Eßl. Trinkschokoladenpulver

100 g Butterkekse

Für die Form: Klarsichtfolie

Schmeckt Kindern
Klassiker

Bei 14 Scheiben pro Scheibe
etwa: 1500 kJ/360 kcal
3 g Eiweiß · 25 g Fett
33 g Kohlenhydrate

• Zubereitungszeit: etwa
  45 Minuten
• Kühlzeit: 5–6 Stunden

1. Ein warmes Wasserbad
vorbereiten. Die Schokolade
in Stücke brechen und im
Wasserbad schmelzen, dann
in kaltes Wasser stellen.

2. Die Butter mit dem Zucker
schaumig rühren. Nach und
nach die Eigelbe, die Trinkschokolade und die abgekühl-
te Schokolade unterrühren.

3. Die Form mit Klarsichtfolie
auskleiden und eine etwa
1 cm dicke Schokoladen-
schicht hineingeben. Darauf
eine Lage Butterkekse verteilen und wieder eine Schicht
Schokoladencreme füllen. So
fortfahren, bis etwa 4–5 Lagen Butterkekse entstanden
sind und Kekse und Schokola-

dencreme aufgebraucht sind.
Die oberste Lage besteht aus
Schokoladencreme.

4. Die Keksterrine mit Klarsichtfolie verschließen und im
Kühlschrank fest werden lassen. Zum Servieren stürzen
und die Folie abziehen. Die
Terrine nach Belieben deko-
rieren. Zum Anschneiden ein
dünnes, scharfes Messer verwenden und dieses vor jedem
Schnitt anfeuchten.

Variante:
Essen nur Erwachsene von
der Terrine, können Sie die
Schokoladenmasse statt mit
Trinkschokolade mit starkem
Kaffee marinieren.

Limetten-parfait

Zutaten für 6 Personen:

10–12 Limetten (etwa 1/4 l Saft)

6 Blatt Gelatine

6 Eier

250 g Zucker

250 g Sahne

Erfrischend

Pro Portion etwa:
1600 kJ/380 kcal
10 g Eiweiß · 19 g Fett
43 g Kohlenhydrate

• Zubereitungszeit: etwa
  35 Minuten
• Kühlzeit: 3–4 Stunden

1. Die Limetten abspülen und
trockenreiben. Die Schalen
dünn abreiben, die Früchte

auspressen. Die Gelatine in
kaltem Wasser einweichen.

2. Den Saft durch ein Sieb
gießen und erhitzen. Die
Gelatine in der heißen Flüssigkeit auflösen.

3. Die Eier trennen. Eigelbe
mit dem Zucker dickcremig
schlagen. Ein heißes Wasserbad vorbereiten. Die Sahne
aufkochen lassen und unter
ständigem Rühren in die
Creme rühren. Die Creme in
das Wasserbad stellen und
so lange rühren, bis sie heiß
und dick geworden ist. Nicht
kochen lassen, weil sie sonst
gerinnt.

4. Den Limettensaft und zwei
Drittel der -schale dazurüh-
ren, bis sich alles zu einer
homogenen Masse verbun-
den hat. Etwa 30 Minuten in
den Kühlschrank stellen. Dann
die Eiweiße steif schlagen
und vorsichtig unterheben.
Das Parfait in Portionsschalen
verteilen und 3–4 Stunden
kalt stellen.

5. Vor dem Servieren mit der
restlichen Limettenschale bestreuen.

Im Bild vorne:
Schokoladen-Keks-Terrine
Im Bild hinten:
Limettenparfait

Zum Gebrauch

Damit Sie Rezepte mit bestimmten Zutaten noch schneller finden können, stehen in diesem Register zusätzlich auch beliebte Zutaten wie Geflügelfleisch und Lachs – ebenfalls alphabetisch geordnet und halbfett gedruckt – über den entsprechenden Rezepten.

A
Apfelterrine 58
Avocadomousse 10

B
Bauchspeck: Lauchpastete 24
Beerensülze mit Joghurt-Likör-
  Sauce 58
Blätterteig
  Lauchpastete 24
  Pilzpastete 24
Butterkekse: Schokoladen-
  Keks-Terrine 60

C
Champignons
  Champignonsülzchen 50
  Geflügelterrine 38
Cumberlandsauce 40

E
Entenleberterrine 36
Entenpastete 20
Ententerrine (Variante) 21
Erbsen: Champignon-
  sülzchen 50
Erdbeermousse 54
Essigpflaumen 46

F
Fischsülze 50
Fischterrine mit Kräutern 43
Fleischfarce vorbereiten
  (Tip) 21
Forelle
  Forellenterrine 42
  Pâté von geräucherter
  Forelle 12
Form mit Teig auskleiden
  (Foto) 20,30

G
Garnelen
  Fischsülze 50
  Krabben-Mousse-Terrine 48
  Krabbenaspik 48
Geeiste Quarkterrine 56
Geflügelfleisch
  Geflügelleberterrine 46
  Geflügelterrine 38
  Geflügelpastete 28
  Wachtelpastete 22

H/J
Hackfleischpie 34
Hasenleber: Wildterrine 36
Hasenpâté 14
Hausmachersülze 52
Hausmacherterrine 40
Hecht
  Fischterrine mit
    Kräutern 43
  Hechtpastete mit Lachs 30
  Kulebjaka 18
Himbeeren: Geeiste Quark-
  terrine 56
Hühnerleber
  Leberpâté 8
  Wachtelpastete 22
Joghurt-Likör-Sauce 58

K
Kalbfleisch
  Entenpastete 20
  Hausmachersülze 52
  Kalbsbriesmousse 16
Kalbsfüße: Hausmacher-
  sülze 52
Kalbsleber
  Entenpastete 20
  Geflügelleberterrine 46
  Hausmacherterrine 40

Kalbspastete mit Trauben-
  Grappa-Sauce 32
Kamine ausschneiden
  (Foto) 21
Kaninchenleber:
  Kaninchenterrine mit
    Mirabellen 44
Kaninchenterrine mit
  Mirabellen 44
Knollensellerie:
  Hausmachersülze 52
Krabben-Mousse-Terrine 48
Krabbenaspik 48
Kulebjaka 18

L
Lachs
  Hechtpastete mit Lachs 30
  Kulebjaka 18
Lachsforelle: Forellen-
  terrine 42
Lauchpastete 24
Leberpâté 8
Limettenparfait 60

M
Mirabellen
  Kaninchenterrine mit
    Mirabellen 44
  Mirabellengelee (Tip) 44
Mousse au chocolat 54

O
Ochsenzunge: Pâté von
  Ochsenzunge 12
Oliven: Schinkenpâté 14
Orangen: Pikante Orangen-
  sauce 40

P/Q
Pastete mit Gelee ausgießen
  (Foto) 21
Pasteten verzieren (Foto) 31
Pastetenteig ausschneiden
  (Foto) 20
Pâté von geräucherter
  Forelle 12
Pâté von Ochsenzunge 12

Pflaumen: Essigpflaumen 46
Pikante Orangensauce 40
Pilzpastete 24
Quark: Geeiste Quark-
    terrine 56

R
Räucherlachsmousse 16
Rehpastete 26
Reis: Kulebjaka 18
Rindfleisch: Hausmacher-
    terrine 40
Rumparfait 56

S
Sauce Tartar 52
Schinkenpâté 14
Schokolade
    Mousse au chocolat 54
    Schokoladen-Keks-
      Terrine 60

Schweinefleisch
    Entenpastete 20
    Geflügelpastete 28
    Geflügelterrine 38
    Hausmachersülze 52
    Hausmacherterrine 40
    Kaninchenterrine mit
      Mirabellen 44
    Rehpastete 26

Wachtelpastete 22
    Wildterrine 36
Schweinefüße: Hausmacher-
    sülze 52
Sherrypafait 56
Spargelmousse 10
Speck (Tip) 38
Spinat: Forellenterrine 42
Steinpilz: Pilzpastete 24

T
Teigdeckel festdrücken
    (Foto) 30
Tomatenmousse 8
Trauben-Grappa-Sauce 32

W
Wachtelpastete 22
Wildfleisch
    Rehpastete 26
    Wildterrine 36

IMPRESSUM

Auf der Umschlagvorderseite ist Entenpastete abgebildet. Das Rezept dazu finden Sie auf Seite 20.

© 1996 Gräfe und Unzer Verlag GmbH, München.
Alle Rechte vorbehalten. Nachdruck, auch auszugsweise, sowie Verbreitung durch Film, Funk und Fernsehen, durch fotomechanische Wiedergabe, Tonträger und Datenverarbeitungssysteme jeglicher Art nur mit schriftlicher Genehmigung des Verlages.

Redaktion: Adelheid Schmidt-Thomé, Christine Wehling
Layout: Ludwig Kaiser
Herstellung: Renate Hausdorf
Fotos: Odette Teubner
Umschlaggestaltung: Heinz Kraxenberger
Satz: Computersatz Wirth, Regensburg
Reproduktion: Imago
Druck und Bindung: Kaufmann, Lahr
ISBN 3-7742-2365-3
Auflage 5. 4. 3. 2. 1.
Jahr 2000 99 98 97 96

Cornelia Zingerling

ist Rheinländerin und hat bereits zahlreiche Kochbücher, Artikel und Reiseberichte veröffentlicht. Da sie gerne und viel kocht, bewirtet sie ihre Familie und ihre Gäste mit immer neuen Überraschungen. Die finden dann Eingang in neue Bücher. Heute lebt Frau Zingerling in Meran.

Odette Teubner

wurde durch ihren Vater, den international bekannten Food-Fotografen Christian Teubner, ausgebildet. Heute arbeitet sie ausschließlich im Studio für Lebensmittelfotografie Teubner. In ihrer Freizeit ist sie begeisterte Kinderporträtistin – mit dem eigenen Sohn als Modell.